Plage de Cala d'En Serra.

Barcelone
Minorque
Majorque
Valence
IBIZA
Formentera
0
10 km
N
Cala d'Albarca
Cap Rubio
Punta Torreta
Cala d'en Sardina
Ses Margalidas
Santa Inès de Corona
Cap Nono
Port des Torrent
Platja des Pinet
Platja d'en Serral
Platja de s'Estanyol
Platja des Pouet
Platja de s'Arenal
Caló des Moro
Cala Salada
Isla Cunejera
Cala Gració
SAN ANTONI DE PORTMANY
Punta de sa Torre
Platja d'en Xinxó
Cala Bassa
Es Puet
S'Olivera
Platjes de Comte
Cala Codola
Port des Torrent
Isla del Esparto
Sant Rafa
Cala Codolar
Cala Tarida
Cala Tarida
Sant Agustí
Cal Moli
Cala Moli
Cala Vedella
San José de sa Talaia
Sa Talaiassa
475 m
Cala Carbó
Torre del Pirata
Cala d'Hort Es Vedrá
Sant Jordi de ses Salines
Porroig
Isla Vedrá
Cap Blanch
Cala ses boques
es torrent
Cala des Jundal
es Bol Nou
Platja des Cadoiar
Punta Jundal
Cap Llentrisca
es Xarco
Ses Salin
La Canal
Cap d'es Falco

BIENVENUE À IBIZA !

Cala d'Hort.

L'Europe entière jalouse à l'Espagne ce petit joyau de l'archipel des Baléares. Ses habitants accueillent chaque année des centaines de célébrités et de voyageurs de tous bords, emportés le temps d'un week-end ou d'une semaine par le tourbillon de ses nuits chaudes et endiablées. Des ruelles pittoresques de la vieille ville d'Eivissa, classée au Patrimoine mondial de l'Unesco, à ses villages perchés sur les collines, en passant par les jolies côtes escarpées bordées de petites criques d'eau turquoise, l'île d'Ibiza ne se résume pas pourtant à l'extraordinaire énergie que dégagent ses gigantesques clubs. Les amoureux du plein air pourront y aller bon train : de randonnées en sorties VTT, d'excursions kayak en explorations sous-marines sur les côtes, il y en a pour tous les goûts.

Laissez-vous séduire par la douceur du coucher de soleil de Sant Antoni depuis le Cafe Del Mar, par les multiples *chiringuitos* qui ponctuent le bord de mer, par l'exubérance du Pacha ou du Privilège bien sûr, mais aussi par la gentillesse des habitants de ce confetti de la Méditerranée. Saupoudrez le tout d'une bonne dose de shopping dans les célèbres marchés hippies, et vous renoncerez pour longtemps à l'idée de quitter Ibiza... Il est vivement conseillé de prévoir son voyage en mai-juin ou en septembre-octobre. Il y a du monde, mais au moins vous trouverez une place sur les terrasses de café et un coin de sable où poser votre serviette. Avec ce guide en poche, développez à présent votre propre regard sur ce lieu étonnant, un spot vraiment pas comme les autres !

Ibiza Eivissa.

SOMMAIRE

DÉCOUVERTE

© GOODLUZ – SHUTTERSTOCK.COM

Randonnée sur l'île.

VISITE

Cala Portinatx
Punta Galera
Cala des Xuclar
Cala d'en Serra
Cala Xarraca
Cala Portinatx
Cala Benirrás
Port de Sant Miquel
San Vicente de sa Cala
Cala de San Vicent
Punta Grosa
Puerto de San Miquel
Na Xamena
San Joan de Labritja
Cala de Sant Viçent
Aigiles Blanques
San Miquel De Balansat
Platja es Figueral
Plataja des Figueral
Puig Furn·s 408 m
Pou des Lleó
Isla de Tagomago
Sant Carles de Peralta
Cap Roig
Cala de Boix
Cala Mestrella
San Llorenç de Balàfia
La Joya
Cala Lienya
Es Canar
Cala Nova
SANTA EULÁRIA DES RIU
Platja des Canar
Río Sta Eulalia
Cala Pada
Cala Martina
S'Argamassa
es Niu Biau
Santa Gertrudis de Fruitera
Platja de santa Eulária
La Siesta
Cala de s'Alga
Cala Llonga
Cala Llonga
Ca'n Roig
Sol d'en Serra
Roca Llisa
Monte Cristo
Jesús
Talamanca
Cala s'Estanyol
Talamanca
ses Figueretes
Playa d'En Bossa
Platja d'en Bossa
MER MÉDITERRANÉE
Platja des Cavallet
Punta de Portas
Isla Espardell
Isla Espalmador
IBIZA

Cala d'Hort à Ibiza.

© ALBERTOLOYO

DÉCOUVERTE

LES PLUS D'IBIZA

Fête, sport et bronzette

Si Ibiza fait partie des premières destinations touristiques européennes, c'est certes pour sa *nightlife* mais également pour son climat. De juin à octobre, la température est proche des 30 °C et la pluie est très rare en été. Il est ainsi possible de s'adonner aux sports nautiques ou de s'octroyer une petite baignade dans les eaux azur. Et surtout, il y a de quoi s'offrir des journées farniente à perfectionner son bronzage pour resplendir la nuit lors des soirées endiablées !

La diversité des paysages

Détrompez-vous, Ibiza n'est pas qu'une grosse boîte de nuit. Ceux qui n'ont entendu parler de l'île que pour sa vie nocturne seront bien étonnés de voir la richesse naturelle de ce lieu. De nombreux sites sont à visiter et les criques rocheuses à ne pas manquer.

La richesse architecturale

Lorsqu'on se situe sur les routes marchandes des grandes civilisations méditerranéennes, il faut s'attendre à recevoir de la visite. Avant même que Rome ne soit un empire, les Baléares attirent déjà les convoitises et au fil des siècles, Carthaginois, Maures, Espagnols, Français ou Anglais s'installent tour à tour sur l'Archipel. Ibiza ne fait pas exception et on retrouve

© ONEINCHPUNCH

aujourd'hui ce mélange de cultures à travers l'architecture de l'île. Vous croiserez des vieilles villes encerclées de murailles, des églises, des palais, des fortifications, des maisons médiévales ainsi que de nombreuses maisonnettes blanchies à la chaux.

Un éventail d'activités

Il n'est plus nécessaire de s'étendre sur le fait que les soirées les plus extravagantes ont lieu à Ibiza et que c'est de ce même endroit que sont lancées les nouvelles tendances musicales. Ce qu'il est intéressant de mentionner maintenant, ce sont toutes les possibilités qu'offre l'archipel. Un grand nombre de sports sont praticables dans des conditions optimales et il n'y a pas besoin d'être un athlète pour les apprécier car il y en a pour tous les niveaux : la randonnée, le cyclisme, le kayak, la plongée sous-marine, le paddle et le kitesurf, et bien d'autres encore. La gastronomie est absolument spectaculaire et vaut la peine d'y consacrer un itinéraire de quelques jours, à la découverte des saveurs locales. Pour ceux qui sont en quête de farniente, il n'y a que l'embarras du choix entre toutes les plages de sable fin et les criques à l'eau cristalline. Les esprits contemplatifs seront alimentés par le patrimoine artistique, les jardins botaniques et les parcs naturels qui abritent une faune et une flore d'une grande rareté, c'est un réel plaisir pour les yeux.

Une île résolument tendance

Ibiza regorge en saison de *beautiful people*. L'image et le paraître ont une grande importance mais, paradoxalement, il est de bon ton d'opter pour une attitude désinvolte doublée d'un certain je-m'en-foutisme, car s'il est vrai que tout le monde s'observe, il n'en est pas moins vrai que tout le monde se tolère. Si les Baléares abondent de grandes boutiques tendance, la palme de la sophistication revient à Ibiza, qui est indiscutablement la plus fashion de l'archipel : dreadlocks, tatouages, piercings, maquillage outrancier… Il n'y a pas une mode dans la capitale de la fête mais une diversité de styles, le seul mot d'ordre étant l'extravagance. Pourtant, malgré tous ces codes, la simplicité peut être également de mise et, comme tout le monde, les politiques, la famille royale et les milliardaires peuvent se promener en short et tongs !

Mouillage à Es Canar.

IBIZA EN BREF

Les Baléares

- **Nom officiel :** îles Baléares (communauté autonome d'Espagne).
- **Capitale :** Majorque.
- **Superficie :** 4 992 km² pour la totalité de l'archipel, dont 3 625 km² pour Majorque, 701,80 km² pour Minorque, 572 km² pour Ibiza et 83,2 km² pour Formentera. Cette superficie représente 1 % du territoire espagnol.
- **Langues :** espagnol et catalan.

Population

- **Nombre d'habitants :** 1 224 000 habitants environ (2024), dont 80 % vivent à Majorque, 12 % à Ibiza (environ 160 000 habitants) et Formentera et 8 % à Minorque.
- **Densité :** 245 hab/km² pour les Baléares et 280 hab/km² pour Ibiza.
- **Taux de natalité :** 7,58 ‰.
- **Taux de mortalité :** 7,78 ‰.
- **Espérance de vie :** 83 ans en moyenne.
- **Religion :** catholique.

Économie

- **Monnaie :** euro (€).
- **PIB des Baléares :** 35 465 millions d'euros (2023).

Ibiza et ses maisons atypiques.

LE DRAPEAU DES BALÉARES

Tout comme le drapeau espagnol, le drapeau des îles Baléares est principalement représenté par les couleurs jaune et rouge, disposées par bandes horizontales. Dans le coin supérieur gauche, l'image d'un château en blanc sur un fond de couleur violette. Ce château représente le palais de l'Almudaina, la forteresse musulmane avec ses cinq tours carrées mises en évidence.

- **PIB/habitant :** 29 603 € pour l'Espagne.
- **PIB/secteur :** agriculture : 3 % ; industrie : 23 % ; services : 74 %.
- **Taux de croissance :** 2,2 %.
- **Taux de chômage :** 5,7 %.
- **Taux d'inflation** : 2 %.

Décalage horaire

Toutes les îles des Baléares sont dans le fuseau UTC +2. Il n'y a pas de décalage horaire entre les Baléares et la France, ni en hiver ni en été.

Climat

Doux en hiver, chaud en été, le climat des Baléares est typiquement méditerranéen. La température moyenne est de 18 °C et oscille généralement entre 10 °C en hiver et 25 °C en été. Avec en moyenne 300 jours d'ensoleillement par an, son climat est propice à des séjours en toutes saisons.

Communiquer

Le réseau couvre très bien les grandes villes et les stations balnéaires, mais vous aurez plus de difficultés dans les petites agglomérations reculées et dans certaines plages vierges. Il n'y a désormais plus de suppléments pour les appels émis au sein de l'Union européenne. Les appels et les messages vers les numéros français vous coûteront le même prix qu'en France et vous pourrez surfer sur Internet comme vous le faites chez vous. Par contre, les appels et les messages vers des numéros espagnols peuvent toujours engendrer des frais supplémentaires. Renseignez-vous auprès de votre opérateur. La plupart des cafés, restaurants et hôtels disposent par ailleurs du wifi.

IBIZA EN 10 MOTS-CLÉS

Ad-lib

Cette mode vestimentaire remonte aux débuts des années 1970 à Ibiza, promue par la défunte Smilja Mihailovitch. C'est la contraction de l'expression latine *ad libitum* (« prenez le parti qu'il vous plaira »). De nouveaux dessinateurs et de nouveaux couturiers ont continué de lancer des modèles féminins ou masculins, désinvoltes, frais, qui semblent évoquer la luminosité et l'air de jeunesse d'Ibiza. Imaginatifs et audacieux, ils sont un mélange harmonieux d'élégance et de sophistication qui définit la mode d'Ibiza. C'est une industrie qui s'exporte vers les autres îles, en Espagne continentale, dans toute l'Europe et sur le marché japonais. C'est un hymne à la liberté qui signifie « Habille-toi comme il te plaît mais avec goût ! ».

Avarques

Impossible de les rater : tous les Espagnols les ont aux pieds ! Il s'agit d'une sandale en caoutchouc avec une lanière en cuir, portée autrefois par les bergers. On les appelle *menorquinas* dans le reste de l'Espagne.

Chiringuitos

C'était autrefois des bars de pêcheurs. Ces derniers venaient s'y rafraîchir avant et après leurs parties de pêche. En général, les soirées y finissaient plutôt arrosées ! Maintenant, ce sont tous ces bars que vous pouvez trouver en bord de plage. Ils servent tout type de nourriture, mais aussi des cocktails en soirée. Ils agrémentent en général l'ambiance par de la musique, berçant les plagistes qui bronzent tranquillement à proximité, installés sur leur serviette de bain.

Chupito

Vous n'y échapperez pas : restaurants, bars, boîtes de nuit, chez l'habitant, le *chupito* est une tradition. Dans un petit verre, à boire d'un coup ou plus lentement, une liqueur de votre choix. A essayer, la *vodka roja, la crema catalana,* mais surtout les *hierbas mallorquinas et ibizencas* (à base d'anis et de divers types de plantes locales).

Cuevas

Le sous-sol des îles Baléares regorge également de merveilles. De nombreuses grottes naturelles, qui servaient autrefois de refuges aux animaux et hommes préhistoriques, se trouvent éparpillées à Ibiza comme dans les autres îles. Toutes exploitées à des fins touristiques, les *cuevas* ont été aménagées pour des concerts et spectacles de son et lumière, programmés au milieu des nombreuses stalactites et stalagmites.

DJ

Les discothèques d'Ibiza en font leur plus grande publicité : qui aura le meilleur DJ... de la soirée ? Depuis plusieurs années, le Ibiza DJ Awards récompense le meilleur DJ de l'année. Les fans peuvent également voter sur Internet. Mais outre les boîtes de nuit, la plupart des bars branchés et des paillotes sur les plages parmi les plus prisées possèdent leurs DJ attitrés ainsi que leurs propres discographies.

Fiesta

Comprenez-le bien, la fête, vous pouvez la faire partout ! Sur les plages, dans les boîtes de nuit, dans les bars. Feux d'artifice, fêtes de village, *full moon party*, rassemblements plus ou moins surveillés dans les criques...

Hippies

Les hippies sont arrivés sur l'archipel au milieu du XXe siècle et y ont laissé leur empreinte. Notamment une distraction hebdomadaire de l'île d'Ibiza : les Hippy Markets, dont les principaux sont Es Canar et Las Dalias (à San Carlos). D'autres, plus petits, mais pas moins intéressants, se sont formés dans les diverses stations balnéaires de l'île. Vous y trouverez des produits artisanaux (bijoux, sculptures, vêtements…), mais aussi des produits d'importation asiatique et indienne et d'autres objets présentant un intérêt plus relatif.

Légendes

L'histoire d'Ibiza regorge de témoignages sur d'étranges cultes, vols de sorcières et apparitions d'ovnis. Chacun a sa version et n'hésite pas à ajouter sa petite touche personnelle. Il n'est pas rare d'avoir, pour un même sujet, une vingtaine de versions différentes.

Marché hippie Punta Arabí.

Tel est le cas du culte voué à la déesse Tanit qui aurait exigé des sacrifices humains.

Playa

Qu'elles soient de sable fin ou de galets, les petites criques (*calas*) ou les étendues à perte de vue, les plages sont d'une diversité impressionnante. Naturistes, sportifs ou bronzeurs en herbe : il y en a pour tous les goûts. Le drapeau bleu (plage propre selon les critères européens) flotte presque partout et l'eau est souvent limpide. Les plages ne sont pas vraiment dangereuses, mais les rochers peuvent le devenir, donc attention aux plongeons ! La plupart des plages sont surveillées par des sauveteurs de la Croix-Rouge en cas de rencontre avec une méduse ou autre problème.

SURVOL D'IBIZA

Ibiza fait partie de l'ensemble géographique des Baléares, qui est un groupe d'îles installées quasiment au milieu de la Méditerranée, à environ 200 km au large de la péninsule Ibérique. Elles font partie de l'Espagne depuis le Moyen Age. Le 25 février 1983, l'archipel est devenu une communauté autonome administrée par un gouvernement local, El Govern Balear, ayant sa propre gouvernance. Le siège du gouvernement se trouve à Palma, capitale de cette communauté qui regroupe plus d'un million d'habitants. Dans chaque île, un consell insular (conseil insulaire) gère les affaires îliennes en toute indépendance.

Géographie

La communauté autonome des Baléares se compose géographiquement d'un groupement d'îles réparties en deux archipels distincts : l'archipel des Baléares proprement dit, au nord, dominé, par les îles de Majorque et de Minorque ; et l'archipel des Pityusas, au sud du précédent, comprenant les îles d'Ibiza et Formentera. L'archipel des Baléares se compose d'un petit essaim d'îles dont les plus importantes sont Majorque, avec 3 625 km², et Minorque, avec environ 701 km².

Ibiza (130 000 habitants) est, par sa superficie, la troisième île des Baléares avec 570 km². Longue de 40 km et large de 20 km, elle est extrêmement montagneuse et couverte encore, en certains endroits, d'une forêt primitive de pins, ces arbres qui ont donné leur nom à l'archipel des Pityusas (« recouvert de pins »). On n'y trouve que de rares plaines dominées par le mont Atalayas, haut de 475 m. Elle est rattachée à sa voisine Formentera par une suite de rochers et d'îlots.

Les quatre principales îles des Baléares, Majorque, Minorque, Ibiza et Formentera ont une superficie totale de près de 5 000 km².

- **Géologie** : le relief des Baléares tire son originalité de la présence de sierras et de basses plateformes de grès calcaire. Puisque les Baléares sont le prolongement de la chaîne Bétique, on y observe les mêmes plissements alpins, la même orientation sud-ouest-nord-est que dans la chaîne située en Espagne continentale. Ainsi, l'île d'Ibiza est le prolongement montagneux de Majorque.

Climat

- **Hiver.** Le climat des Baléares, de type méditerranéen, paraît délicieusement doux en hiver puisque la moyenne des températures ne descend pas en dessous des 12 °C, mais il est évident que les touristes sont moins nombreux aux Baléares en hiver qu'en été ! Or, c'est précisément pour cette douceur hivernale que nombre d'Européens ont choisi de s'installer dans l'archipel, les mois d'hiver (décembre, janvier et février) constituant l'époque la plus tranquille. Si le temps peut parfois paraître instable, les journées sont le plus souvent

Sa Caleta.

ensoleillées, claires et limpides. Sous un ciel d'un bleu intense, la journée offre un climat printanier, mais la température chute le soir avec des nuits fraîches. Ainsi, la veste ou le manteau ne sont nécessaires qu'à la tombée du jour. On peut très bien rester en pull, surtout à Ibiza et Formentera, plus méridionales. Au mois de février, les amandiers à Ibiza commencent leur floraison et l'île se couvre de blanc et rose un peu partout. Sont à remarquer les plaines de Santa Agnès comme de La Corona. Les balades dans le centre de l'île, comme à Sant Mateu, sont de toute beauté. Le climat reste doux.

Printemps et automne. Ces périodes sont très variables, mais c'est à ce moment que l'on peut goûter les plus belles semaines de l'année avec un ensoleillement parfait et une température idéale. Le printemps et le mois de septembre sont la meilleure période pour découvrir la lumière et la végétation des Baléares. Il peut y avoir quelques jours d'une pluie sporadique mais forte. S'il est rare qu'il pleuve pendant une journée entière, en revanche, cela peut durer une longue semaine à la période de l'équinoxe. Au printemps, sous un ciel d'orage, il ne fait pas froid, pas même frisquet. Les orages sont bruyants, forts et magnifiques. Aussitôt après, au plus tard le lendemain, la température remonte à 25 °C. Le soleil réussit toujours à réchauffer l'air et à sécher la terre. Malgré des pluies impressionnantes mais passagères, l'archipel, comme la péninsule Ibérique, subit la sécheresse depuis plusieurs années. Dernièrement, les pluies sont devenues plus sporadiques, moins violentes, et la sécheresse aux îles Baléares a été plus importante que celle des régions dites très arides de la péninsule.

Eté. La grande saison touristique commence en juin, parfois à la mi-mai pour ceux qui ont la chance de profiter des vacances à cette période précoce. Le temps est chaud et le soleil tape. Le ciel est bleu et l'eau est fraîche, mais les plages sont plus calmes. Le soir, la température fraîchit et on supporte une petite laine. Le vent d'est ou *levante* peut souffler. Juillet sonne le début de l'invasion touristique. Evidemment il fait plus chaud, parfois même trop, jusqu'à 40 °C. Août voit le summum de l'agitation à laquelle seule Minorque échappe, ce qui lui confère une atmosphère de tranquillité et de fraîcheur. A partir du 1er juillet, chaleur et foule surprennent autant à Majorque qu'à Ibiza.

Environnement

Ibiza n'a pas été épargnée par le tourisme de masse : l'île a vu certains de ses plus beaux sites défigurés. Les autorités locales, comprenant enfin que le meilleur spectacle à offrir aux touristes est celui de la nature, ont décidé de protéger les espaces naturels épargnés. Les populations sont également sensibilisées et le respect de la nature fait partie du quotidien. Pour preuve, des poubelles vertes avec des sacs plastiques prévus pour ramasser les crottes de chien sont à disposition et les insulaires y voient une mission de civisme de première importance. Tout cela donne un côté agréable aux villes où il fait bon flâner. Nous comptons sur vous pour pérenniser cette tradition !

Paysage escarpé d'Ibiza.

Faune et flore

Faune

La faune d'Ibiza montre une relative pauvreté quant à la variété des espèces prospérant sur l'ensemble du territoire, majoritairement des oiseaux. Ils peuplent des zones bien précises du territoire îlien, éloignées des grands lieux touristiques et urbains et propices à la nidification. Il faut faire une distinction entre les oiseaux sédentaires et les oiseaux migrateurs en provenance d'Afrique ou d'Europe du Nord, qui choisissent chaque année Ibiza, et plus précisément ses anciennes salines dans le nord-ouest de l'île, mais aussi les Baléares dans leur ensemble comme lieu de nidification. Selon la nature de l'habitat (étang, bordure côtière, montagne, rocher...), on trouve donc une grande variété d'espèces : des passereaux (fauvettes, chardonnerets, merles ou encore l'étrange huppe fasciée) en passant par les échassiers (flamants roses, hérons, petites cigognes...), les

PARCS NATURELS

Si Ibiza n'héberge aucun parc national (cette distinction ne s'applique qu'à des unités territoriales suffisamment vastes pour justifier une gestion au niveau national), elle dispose néanmoins de deux parcs naturels d'une grande valeur écologique : le Parc naturel de Ses Salines, qu'elle partage avec sa voisine sudiste Formentera, et le parc naturel d'Es Vedrà, d'es Vedranell et d'Islotes del Poniente. Ses Salines recouvre une zone d'un peu plus de 1 780 hectares terrestres et 13 600 hectares marins riche d'une grande variété paysagère et écologique : plages, dunes, falaises et étangs salés sont autant de décors dans lesquels évoluent faucons pèlerins, balbuzards et flamants roses, tandis que les fonds marins reliant Ibiza à Formentera sont tapissés de véritables prairies sous-marines essentiellement composées de posidonie. Les réserves naturelles d'Es Vedrà, d'es Vedranell et d'Islotes del Poniente, qui appartiennent à la municipalité de Sant Josep de sa Talaia, sont situées au sud-ouest de l'île. Elles abritent elles aussi falaises, plages et milieu marin mais également des massifs montagneux à la dense végétation forestière. C'est ici que l'on trouve le point culminant de l'île, le Sa Talaia, et ses 475 mètres d'altitude.

rapaces (faucons et aigles, difficiles à observer...) et oiseaux aquatiques (goélands, mouettes...).

La faune d'Ibiza est également constituée des animaux de nos forêts et de nos sous-bois. On peut croiser en effet des lapins, des perdrix et même des genettes. Enfin, le long des rivages, la quasi-totalité des espèces marines peuplant la Méditerranée est visible au choix des touristes, en plongée ou dans les assiettes des nombreux restaurants spécialisés. La faune d'Ibiza comprend aussi une grande variété de petits lézards et de geckos, d'une couleur verte très soutenue ou dans des coloris se rapprochant du bleu turquoise. Signalons enfin le lévrier d'Ibiza, ou *podenco*, qui est un chien à poil ras de couleur claire. Il ressemble étonnamment à ceux que l'on voit sur les documents égyptiens du temps des pharaons.

Flore

Comme Majorque, Ibiza est encore couverte d'une partie de sa forêt originelle. L'île a aussi une grande variété d'arbres fruitiers : amandiers, caroubiers, figuiers bien sûr, mais aussi palmiers ou encore bougainvilliers. Si ses reliefs ne sont guère élevés, ils n'en sont pas moins omniprésents sur toute la superficie insulaire. Le couvert végétal est constitué de plusieurs dizaines d'espèces d'arbres, comme le pin (le plus fréquent), le genévrier, l'olivier et le caroubier. Quant à la sabine, c'est une sorte de pin au bois très dur qui entrait dans la construction de toutes les anciennes maisons de paysans, souvent sous forme de poutres ou comme élément décoratif. Toutes sortes de cactus sauvages donnent aussi un aspect rustique et sec à l'ensemble de la végétation.

L'HERBIER DE POSIDONIE : TRÉSOR DES FONDS MARINS

Pur trésor des fonds marins, la *Posidonia oceanica* n'est pas une algue, mais bien une plante à fleurs qui, il y a près de 100 millions d'années, s'est adaptée du milieu terrestre au milieu océanique. Endémismes de la Méditerranée, elles forment ce que l'on appelle des « prairies » ou des « herbiers » de posidonie. Considérées comme de véritables « ingénieures d'écosystème », elles jouent un rôle écologique essentiel au sein du littoral méditerranéen. Si elles tapissent une bonne partie de la Méditerranée, les prairies de posidonie qui se concentrent de la réserve naturelle de Ses Salines, entre Ibiza et Formentera, sont parmi les mieux préservées.

Un riche écosystème. La plante se compose de racines enfouies dans les sédiments et de tiges dressées, toutes deux appelées rhizomes. Ce sont de véritables réserves à nutriments ! Les rhizomes dressés à la verticale produisent toute l'année des feuilles en forme d'écailles. Ces feuilles servent de refuge à de multiples espèces animales et végétales qui ont élu les herbiers de posidonie comme habitat naturel. Lorsqu'elles tombent, les feuilles produisent une masse importante de matière végétale nécessaire à l'alimentation d'un bon nombre d'espèces animales. Transportées par le courant, elles servent de nourriture aux oursins, aux crustacés, à certains poissons ou encore aux tortues marines.

Une « olive de mer ». C'est à l'automne que débute la floraison de la plante, qui ne fleurit pas nécessairement tous les ans, cela dépend de la température de l'eau. Visuellement proche de l'olive, le fruit vert parfois très sombre de la posidonie océanique atteint sa maturation durant la belle saison, après environ huit mois,

et ne produit qu'une seule graine ! Dans certains coins de la Méditerranée, on l'appelle même « olive de mer ».

Une importante source d'oxygène. Véritable « poumon de la mer », la *Posidonia oceanica* est une source majeure d'oxygénation de l'eau, favorable à la biodiversité de son écosystème. On dit qu'un mètre carré de posidonie produit plus d'oxygène qu'un mètre carré de forêt amazonienne ! Elle joue également un rôle de purification en « piégeant » les sédiments présents dans l'eau sous forme de particules fines. Stockés dans ce que l'on appelle « la matte », les sédiments contribuent à la croissance des rhizomes de la posidonie. C'est grâce à ce mécanisme que la plante participe à son tour à la transparence de l'eau. De plus, la présence des herbiers de posidonie freine l'hydrodynamisme, et par conséquent, limite la présence des suspensions de particules dans l'eau, favorisées par les différents courants marins.

Une espèce protégée. Depuis de nombreuses années, les herbiers de posidonie sont en régression. Le développement de la construction le long des littoraux, le déversement de substances chimiques néfastes dans la mer et la pêche non contrôlée dans des zones sensibles ont longtemps favorisé la régression de la *Posidonia oceanica* dans les fonds méditerranéens. Les herbiers de posidonie sont aujourd'hui protégés, comme c'est le cas pour les prairies qui s'épanouissent au large d'Ibiza et de Formentera, la réserve de Ses Salines étant classée au patrimoine de l'Unesco depuis 1999. La posidonie fait aujourd'hui l'objet d'une surveillance particulière en raison de ses précieuses vertus écologiques, et ce dans tout le bassin méditerranéen.

HISTOIRE

Ibiza et Formentera, les plus petites îles de l'archipel des Baléares, sont connues depuis l'Antiquité sous le nom des Pitiüses. A l'origine, le terme s'appliquait à Ibiza, baptisée par les Grecs Pitiusa, soit l'île recouverte de pins. Aujourd'hui, on parle de Pitiüsa major pour désigner Ibiza et de Pitiüsa menor pour Formentera. Ce petit archipel, situé au sud des Baléares, comprend également les îlots inhabités d'Espalmador, Espardell, Tagomago, Sa Conillera, Penjat, Es Vedrà, Es Vedranell... Ibiza et Formentera, distantes l'une de l'autre de 2,3 milles marins (environ 4 km), sont séparées par le bras de mer Es Freus. Outre leur proximité géographique, ces îles sœurs ont plus d'un point en commun, bénéficiant toutes deux d'un ensoleillement exceptionnel et baignant dans les mêmes eaux cristallines. Historiquement, des liens de sang les unissent, et ce au moins depuis le XVIIIe siècle, époque à laquelle la population des deux îles s'est trouvée pratiquement confondue.

Lorsque le visiteur escalade (le mot est à peine trop fort) les ruelles de la Dalt Vila, la vieille ville d'Ibiza ceinturée de remparts, il se demande parfois dans quel pays il se trouve. Les murs sont blanchis à la chaux, les portes et les volets sont peints en bleu. On pourrait se croire dans une médina arabe, aux rues toutefois beaucoup plus désertes qu'à Marrakech ! Seulement voilà, les murailles à la Vauban ramènent le voyageur bien plus au nord. Car Ibiza a toujours été au croisement des routes maritimes et à ce titre convoitée par les différentes civilisations. Chacune y a laissé une trace plus ou moins marquée.

Les origines

Selon Diodore de Sicile, la ville d'Ibiza est fondée en 654 ou 653 av. J.-C. par les Carthaginois. Mais les historiens contemporains, sensiblement plus fiables, pensent que ce sont les Phéniciens qui s'y installent d'abord, autour du Xe siècle avant notre ère. Une population, qui n'a pas encore livré tous ses secrets, était déjà installée sur l'île, comme en témoignent les peintures de la Cova de ses Fontanelles, près de Sant Antoni (au moins 800 av. J.-C.). Le nom d'Ibiza serait l'adaptation de Iboslm, ce qui signifie « l'île de Bes » pour les Carthaginois, ainsi nommée en hommage à un dieu adoré en Egypte. Dès le XIXe siècle, on a pu déchiffrer l'inscription punique « YBSM » sur les monnaies en cours dans l'île : Y signifie « île », BSM signifie « Bes ». Bes est un génie plutôt qu'un dieu. D'origine égyptienne, il est représenté sous les traits d'un nain difforme : il protège les femmes pendant la grossesse et l'accouchement, et garantit aux hommes la force virile. Pour se concilier ses faveurs, on porte des amulettes à son effigie. Le culte de Bes a été introduit par les Phéniciens sur les côtes méditerranéennes, où on le retrouve partout. Il est habituellement représenté un serpent à la main, bien qu'à Ibiza il n'y ait pas de serpents. Il semblerait même que les tentatives d'y introduire des reptiles aient échoué.

Bes continuerait-il de protéger l'île ? Ces petites bêtes n'apprécient visiblement pas ce milieu naturel – même si aujourd'hui, avec l'importation d'oliviers dans les jardins, Ibiza a vu l'apparition de couleuvres (non venimeuses), que le gouvernement tente d'éradiquer. Le fait est que, dans l'Antiquité, le meilleur remède pour éloigner les reptiles était, croyait-on, de porter sur soi un peu de terre d'Ibiza. Cette adoration de la terre est manifeste chez les nombreux Carthaginois qui venaient mourir sur l'île ou s'y faire enterrer, ce qui explique le très grand nombre de tombes puniques découvertes en ces lieux.

Ibiza Romaine

Sous le nom d'Ebusus, n'ayant pas été soumise par les armes, Ibiza aura le statut de ville confédérée et autonome ainsi que l'attestent les monnaies de l'époque : sur une face, l'inscription Insul Augusta ou « L'île qui se gouverne elle-même », et sur l'autre, l'effigie du dieu Bes, ce qui indiquerait que les Romains ne réussissent pas ou ne cherchent pas à faire disparaître les croyances des Ibiziens de l'époque. La romanisation, au demeurant assez lente, permet à Ibiza de conserver ses activités commerciales traditionnelles : l'exploitation du sel, depuis toujours la richesse de l'île, la pêche et l'agriculture.

Des temps incertains à l'installation des Maures

A partir du Ve siècle débute une période floue de l'histoire d'Ibiza. C'est l'époque des invasions barbares qui saccagent les Baléares. Au VIIIe siècle, les Maures – vainqueurs des Wisigoths – s'emparent de l'île, qui est rebaptisée Yebisah. Ils vont y rester cinq siècles, ce qui n'a pas manqué d'influencer fortement les techniques agricoles, l'architecture, les coutumes et la toponymie de l'île. C'est une période de développement pour Ibiza.

La reconquête catalane

Au XIIIe siècle, Yebisah, comme le reste des Baléares, sera reconquise par les Catalans. Eux aussi y apporteront leur culture. Les nouveaux conquérants accordent à l'île une charte très libérale qui implique la reconnaissance de certains droits et privilèges très différents du système féodal classique. Ibiza, de par sa position, reste un lieu de passage. Les quatre siècles suivants seront chargés de menaces et de peur : les incursions de pirates en provenance du nord de l'Afrique sont très fréquentes. Elles apportent la mort et ruinent l'île.

Tour de Ses Portes, Ses Salines.

CHRONOLOGIE

4000 av. J.-C. > Apparition de l'homme aux Baléares.

1600 av. J.-C. > Colonies grecques, ibères et phéniciennes.

1100 av. J.-C. > Début de l'ère des Talayots.

70 av. J.-C. > Arrivée d'une colonie romaine.

123 av. J.-C. > Intégration à l'Empire romain.

425 apr. J.-C. > Invasion vandale.

553 > Les Baléares intègrent l'Empire d'Orient.

902 > Conquête arabe.

9 septembre 1229 > Jacques Ier débarque à Majorque et reprend l'archipel aux Maures (en 1235).

1343 > Rattachement à la Couronne d'Espagne.

1713 > Minorque devient officiellement anglaise.

1802 > Minorque est rendue à l'Espagne.

1837 > Première liaison maritime régulière Baléares-Espagne.

1936 > Majorque et Ibiza se rallient à Franco.

1963 > Début de l'ouverture au tourisme.

1983 > Le 25 février, les Baléares se dotent d'un gouvernement autonome.

1983 > Election de Gabriel Canella Fons à la présidence de la Communauté autonome.

Printemps 1995 > Démission de Gabriel Canella Fons.

Eté 1995 > Election à la présidence de Cristofol Soler.

1996 > Démission de Cristofol Soler et nomination de Jaume Matas i Palou.

Juin 1999 > Elections européennes et municipales ; élections de la nouvelle équipe du gouvernement autonome des Baléares avec coalition anti Parti populaire de tous les partis politiques ; nouveau président : Francesc Antich.

En 2000 > Les murailles de la ville d'Ibiza (Dalt Vila) deviennent patrimoine mondial de l'Unesco. Au mois de mai, une fête dite médiévale se tient dans l'enceinte de la vieille ville d'Ibiza pour célébrer cet événement.

2001 > Le « pacte » est toujours en place ; il va de la droite majorquine nationaliste, en passant par les socialistes, les communistes, toutes les tendances des écologistes… Il impose la langue catalane dans les écoles, dans les médias qu'il contrôle, dans les documents officiels, ignorant et méprisant ouvertement l'immense majorité de péninsulaires qui travaillent et vivent dans les îles, ainsi que les communautés qui y résident.

Mai 2003 > Lors des élections régionales, le Parti populaire garde la préférence des habitants de l'archipel en remportant 29 sièges sur 59 à l'assemblée, le Parti socialiste ouvrier espagnol (PSOE) en occupe 15. Jaume Matas Palau gagne les élections au parlement et récupère la présidence du gouvernement des Baléares.

Mai 2007 > Lors des élections parlementaires, le parti populaire (PP) reste de loin le premier parti en nombre de voix avec 46 %, mais perd sa majorité absolue. Le socialiste Francesc Antich i Oliver gagne la présidence en passant une alliance avec les partis régionalistes et forme un gouvernement de centre gauche. Avant ces élections, les membres du Conseil insulaire correspondaient avec les députés élus de chaque île au Parlement. Depuis, un nouveau vote se fait pour choisir les membres du Conseil, et Formentera, qui était jusque là rattachée à Ibiza, possède son propre Conseil insulaire.

2008 > Comme le reste de l'Espagne, les îles Baléares sont touchées par la crise financière et l'éclatement de la bulle immobilière. L'économie des Baléares, très dépendante du tourisme, est frappée de plein fouet par une baisse du tourisme de 10 % en seulement un an.

2011 > La droite est de retour au pouvoir lors des élections du 18 juin, avec une majorité écrasante. José Ramón Bauzà Díaz (PP) est le nouveau président du gouvernement des îles Baléares et doit affronter le problème du chômage, situé à 20 % durant l'été 2011.

2013 > Le taux de chômage aux Baléares se situe à 28,5 % avant l'été, et redescend à 22,5 % grâce aux emplois saisonniers.

2014 > Le taux de chômage remonte à 26,7 % au premier trimestre.

2015 > Lors des élections, le pouvoir change de nouveau de main et revient aux socialistes. Francina Armengol devient la nouvelle présidente du gouvernement.

2016 > Les îles Baléares mettent en place la taxe touristique dans les hébergements.

Juillet 2017 > Le parlement des Baléares vote une loi interdisant les corridas avec mise à mort.

2 juin 2018 > Pedro Sánchez, membre du Parti socialiste ouvrier espagnol (PSOE), devient le président du gouvernement d'Espagne. Il succède à Mariano Rajoy, qui a démissionné suite à l'adoption d'une motion de censure.

Février 2019 > Le gouvernement des Baléares vote une loi fixant à zéro l'objectif d'émission de CO_2 d'ici 2050.

2020 > La pandémie de Covid19 n'épargne pas les Baléares, provoquant, en effet secondaire, la chute brutale du tourisme dans les îles à l'été 2020. Si la pilule n'est facile à avaler pour personne, cela crée une puissante onde de choc à Ibiza, qui tire presque 90 % de son PIB du tourisme.

2023 > Après deux années difficiles, le tourisme repart à la hausse dans les quatre îles dès l'été 2022, sans pour autant atteindre les très hauts niveaux de fréquentation pré-pandémique. L'année 2023 en revanche enregistre une fréquentation touristique particulièrement élevée.

Christianisation

Au XIVe siècle, tandis que Formentera est désertée, la population ibizienne se réduit à 500 familles. L'histoire d'Ibiza est alors liée à celle de l'Espagne, mais l'île maintient vivants certains rites du passé qui échappent à l'Eglise (l'une de ces mystérieuses pratiques consistait à danser autour des puits). Ce n'est finalement qu'au XVIIIe siècle que l'île sera officiellement christianisée, et la plupart des églises enfin construites. Certaines, fortifiées, servent de refuge contre les attaques des pirates. De nombreuses tours de guet et de protection seront érigées à la même époque.

Ibiza de nos jours

Depuis longtemps maintenant, les pirates ont laissé la place aux touristes. La jeunesse des années 1960 a eu le coup de foudre pour Ibiza, et son arrivée en force, permise en partie par la décision de Franco d'entamer une phase d'ouverture des Baléares en 1963, est à l'origine du développement touristique actuel de l'île. Chaque année, plus de 2 millions de touristes allemands, anglais, espagnols, italiens ou français débarquent des bateaux et des avions. Cette masse a entraîné la construction de centaines d'hôtels, souvent en bord de mer, ce qui a bien sûr en partie défiguré l'île. Aujourd'hui, le gouvernement d'Ibiza encourage le tourisme rural et la découverte du nord des côtes, restées sauvages car classées parc naturel.

Bien que le christianisme soit arrivé ici bien plus tard qu'en Espagne, les noms des villages sont ceux des paroisses. Sant Antoni, Santa Eulària, Sant Josep, pour les plus grands noyaux urbains, sans oublier les charmants villages de Sant Joan, Sant Carles, Sant Jordi, Santa Gertrudis, Sant Mateu... Et Jesús : nous sommes en terre chrétienne, pas de doute ! Les fêtes des saints patrons (comme dans la plupart des villes en Espagne) rassemblent tous les habitants de la commune pendant une journée. La beauté d'Ibiza, en certains endroits,

Vieille ville d'Ibiza.

© LUNAMARINA – SHUTTERSTOCK.COM

Entrée principale de la Dalt Vila, Ibiza – Eivissa.

surprendra celui qui n'a entendu ce nom qu'à propos des discothèques et des hippies. Cela existe, évidemment, mais Ibiza, c'est aussi un paysage splendide et rare, fait de criques étroites et de mer turquoise. De fait, l'île est inscrite au patrimoine mondial de l'Unesco depuis 1999 pour la richesse de ses écosystèmes marins et côtiers, mais aussi pour son patrimoine culturel de grande valeur, dont les sites archéologiques de Sa Caleta (habitat), de Puig des Molins (nécropole) et la ville haute fortifiée de Dalt Vila sont les fiers représentants. En 2016, le gouvernement des Baléares instaure une taxe touristique sur les hébergements afin de pouvoir financer le développement des infrastructures touristiques et à la préservation des espaces naturels de l'archipel. Le tourisme, véritable moteur économique, connaît en effet un boom sans précédent depuis le début du nouveau millénaire, représentant plus de 45 % du PIB des Baléares. Mais parallèlement, les inégalités demeurent, puisque près de 20 % de la population des Baléares continue de vivre sous le seuil de pauvreté. La place occupée par le tourisme dans l'économie locale entraîne également une forte dépendance à l'activité saisonnière. Certes, le tourisme de masse remplit les caisses de l'Etat et fait gonfler l'économie nationale, mais on aurait tort de sous-estimer ses lourdes conséquences sur l'environnement et la qualité de vie.

Puis 2020 et la pandémie mondiale sont arrivés, mettant presque à l'arrêt la filière touristique... Les conditions de vie n'y étant toutefois pas désagréables et les mesures de contrôle d'entrée sur le territoire étant plutôt souples, l'île s'est convertie en terre d'accueil des télétravailleurs en 2020-2021. Egalement, de nombreux étrangers qui possèdent une résidence secondaire sur l'île ont décidé de s'installer à Ibiza de manière permanente. En 2023, après trois années plutôt difficiles, la fréquentation touristique a été particulièrement élevée.

POPULATION

Démographie

Avec environ 160 000 habitants, la population d'Ibiza représente un peu plus de 0,1 % de la population espagnole totale (les Baléares dans leur ensemble forment environ 2 % de la population espagnole).

Identité. C'est un sujet riche en débats aux Baléares, de la même manière qu'en Catalogne ou au Pays basque. La question de l'identité est fortement liée à la langue, avec l'usage du catalan et de ses dialectes. Les Majorquins distinguent les locaux et les *forasters* (étrangers) : cet adjectif désigne les familles espagnoles originaires de la péninsule. Bizarrement, les touristes sont mieux acceptés que les immigrés espagnols : un Madrilène, même installé aux Baléares depuis plus de 10 ans, restera toujours un *foraster*...

Population étrangère. Les Baléares accueillent un bon nombre d'émigrés, travaillant sur toutes les îles. Les Baléares sont recensées comme la communauté autonome d'Espagne accueillant le plus grand pourcentage d'étrangers, avec plus de 20 % d'immigrés. Autrement dit, 1 personne sur 5 est étrangère aux Baléares.

Langues

Richesse des langues. Depuis que les îles Baléares forment une communauté autonome, le catalan est la langue officielle de l'archipel, accompagnée du castillan (espagnol). La majorité des insulaires affirment comprendre le catalan, mais environ 30 % d'entre eux ne le parlent pas. En réalité, l'usage du catalan est limité aux institutions politiques. L'enseignement dans les écoles publiques est censé être dispensé dans les deux langues dès l'école maternelle, ce qui favoriserait une insertion professionnelle en Catalogne, ou bien une suite d'études universitaires sur le continent. Mais encore une fois, la réalité diffère : dans les écoles, le castillan est majoritaire dans la salle de classe, et le dialecte local (ibicenco à Ibiza, mallorquin à Majorque, minorquin à Minorque) est principalement parlé dans la cour de récréation. Ce dernier est devenu également un symbole de nationalisme pour les plus âgés. Conséquence d'un tourisme très développé, certaines langues étrangères sont parlées assez couramment : l'anglais, l'allemand, l'italien et le français.

Mode de vie

Place de la femme. En même temps que la grande révolution politique et culturelle de l'après-dictature, la situation des femmes a beaucoup évolué. Avant la chute du franquisme, elles étaient plutôt assignées aux trois « C » : la cuisine, les *chiquillos* (les gosses) et le curé. Aujourd'hui, la plupart d'entre elles vivent relativement tard chez leurs parents, font bien plus d'études que leur mère et se marient donc plus tard (l'âge moyen du premier

© SERGIO TB - SHUTTERSTOCK.COM

Dans les rues d'Ibiza.

mariage est passé de 24 à 30 ans en une génération). Leur taux d'activité progresse en moyenne d'un point par an, même si l'écart salarial entre hommes et femmes demeure important.

Homosexualité. La communauté gay est très présente à Ibiza, paradis de la fête et de l'extravagance. Au contraire, au fin fond des terres de Majorque et de Minorque, les mentalités sont souvent plus fermées. Ibiza demeure ainsi le véritable eldorado de la communauté gay venue de toute l'Europe.

Religion

Religion. La plupart des Espagnols sont catholiques, au moins de tradition si ce n'est de confession, et les Baléares comptent un très grand nombre de pratiquants. Bien que les mœurs commencent à changer, la fréquentation des églises est assidue et il n'est pas rare de voir les bancs occupés par des jeunes. Ayez une tenue correcte pour la visite (les femmes devront avoir les épaules couvertes, comme en Italie) et évitez les heures de culte. D'autres religions, comme l'islam ou le protestantisme, sont minoritaires, mais ont leurs propres lieux de culte dans les îles, car bon nombre d'étrangers de tous pays et de toutes religions y résident.

Superstitions. Les habitants des Baléares peuvent être considérés comme superstitieux. De nombreuses croyances sont ancrées dans la mémoire collective, en particulier à Ibiza. On dit, entre autres, qu'à Atlantis il y aurait eu plusieurs morts et des disparitions inexpliquées. On raconte le mystère des Talayots à Majorque et à Minorque, ou bien encore le pouvoir étrange qui habite les chèvres vivant sur l'îlot des Vedrà, vierge de toute présence humaine…

BRÈVE HISTOIRE DU MOUVEMENT HIPPIE À IBIZA ET FORMENTERA

Si Ibiza a acquis une renommée internationale avec l'arrivée en grand nombre des hippies dans les années 1960, l'île jouissait déjà depuis les années 1930 d'une réputation de sanctuaire de la vie douce. En effet, de nombreux intellectuels et artistes européens d'avant-garde, forcés de fuir les régimes autoritaires (la guerre civile espagnole notamment), trouvèrent refuge sur l'île blanche. Après la Seconde Guerre mondiale, le monde se reconstruit petit à petit et la créativité et la liberté sont des valeurs qui prennent de l'importance, si bien que de nombreux artistes déjà coutumiers de l'île commencent à affluer à nouveau, bientôt rejoints par de jeunes Européens et Américains, adeptes du mouvement hippie naissant. Pour ces âmes éprises de liberté et de paix, de rapport sain avec la nature, Ibiza – mais aussi sa petite voisine Formentera – offre tous les ingrédients du bonheur, si bien que des communautés hippies se forment rapidement dès le début des années 1960, principalement dans les zones rurales du centre de l'île.Si San Francisco est considéré comme le berceau du mouvement, Londres et Amsterdam, en raison de leur atmosphère cosmopolite et bohème, sont également des foyers importants de cette culture émergente. Considérés comme adaptés à la pratique de la méditation, le Népal et l'Inde sont également des destinations de premier ordre. Ce que va offrir Ibiza aux hippies, c'est un contact direct et simple avec la nature, un climat clément, mais aussi un territoire encore épargné par le tourisme de masse. Les habitants de l'île reçoivent cette nouvelle population avec curiosité et bienveillance, les nommant les « peluts » (« poilus » en catalan), en raison de leurs chevelures hirsutes, et la coexistence est plutôt bonne. Lors de cet âge d'or des hippies à Ibiza (1965-1975), penseurs, artistes, idéalistes et doux rêveurs opérant leur retour à la terre contribuent à populariser l'île et bientôt le tourisme commence à gagner du terrain, diluant peu à peu cet esprit hippie authentique de la première heure… On pourra tout de même encore aujourd'hui approcher un peu de ce que fût cette époque se rendant au marché dominical de Sant Joan, dont les étals d'artisans demeurent peut-être les plus authentiques de l'île. La petite crique d'Atlantis ou celle de Punta Galera sont également des spots qui conservent encore de cette magie un brin psychédélique des années 1960. A voir aussi, le rassemblement des joueurs de tambours sur la plage de Benirràs, tous les dimanches de la belle saison, à l'heure de crépuscule. En 2016, une sculpture de bronze représentant un hippie et son enfant (inspirée d'une célèbre photographie de l'époque) a été inaugurée dans la Marina d'Eivissa, en hommage à cet épisode fondamental de l'histoire et de la culture d'Ibiza.

REPÉREZ LES MEILLEURES VISITES

★ INTÉRESSANT ★★ REMARQUABLE ★★★ IMMANQUABLE ★★★★ INOUBLIABLE

ARTS ET CULTURE

Ibiza, ses nuits, ses DJ, ses fêtes, son clubbing… Passées les images d'Epinal conviant David Guetta les bras en l'air, Ibiza et l'ensemble de l'archipel des Baléares ont beaucoup à offrir. Une culture riche, ancestrale, qui compte par exemple quelques danses parmi les plus vieilles d'Espagne. Il suffit d'assister au spectacle du Ball Pagès, authentique chorégraphie, généreuse en costumes et bijoux et mimant la parade nuptiale pour être frappé par le contraste avec les aspects jet-set de l'archipel. Amoureuses de toutes les musiques, les Baléares ont en particulier un faible pour le classique qui, en été, se manifeste par divers rendez-vous souvent bien programmés. Un archipel qui sait séduire un large panel de mélomanes. Les îles Baléares sont donc, depuis les années 1970, un carrefour de rencontres pour bon nombre d'artistes internationaux qui s'y sont rendus pour y puiser leur inspiration : non seulement les musiciens mais aussi les peintres, sculpteurs, écrivains, designers y ont laissé leur empreinte. Cela se dénote par la présence abondante de galeries d'art et l'organisation fréquente d'événements culturels.

Architecture

L'architecture traditionnelle d'Ibiza se compose de maisons paysannes appelées *fincas*, de tours défensives circulaires en pierre – que l'on retrouve aussi le long des côtes de Formentera – construites pour prévenir les incursions pirates, et d'églises fortifiées revêtant une double fonction : religieuse et défensive. Maisons paysannes et églises fortifiées se caractérisent par leurs volumes cubiques peints à la chaux qui valurent à Ibiza le surnom d' « île blanche ».

LES MOULINS

Véritables emblèmes de l'intérieur des îles, on les retrouvait sur toutes les cartes postales provenant de l'archipel au milieu du siècle passé. Les moulins, géants de pierre qui auraient donné à Don Quichotte bien du grain à moudre, garnissent en effet les plaines des Baléares en si grand nombre qu'ils en caractérisent à eux seuls le paysage rural. Ancêtres de l'éolienne, éléments patrimoniaux, ils sont les témoins silencieux d'une époque révolue, époque à laquelle ils constituaient des alliés essentiels à la survie des résidents, fournissant l'énergie nécessaire pour nourrir hommes et bêtes. De fait, la vie quotidienne dans la campagne baléare gravitait autour des moulins et de leurs occupants qui, à la manière des marins-pêcheurs, travaillaient au gré du vent. Après être tombés en désuétude au cours du siècle passé, des initiatives encourageantes laissent à penser qu'un second souffle est possible…

Finca. C'est le logement typique de l'île. Il se caractérise par ses murs très épais construits ainsi pour lutter contre les fortes chaleurs de l'été et contre le froid de l'hiver. La *finca* est traditionnellement organisée autour de la pièce principale, accueillant une cheminée qui, dans l'ancien temps, servait également de four et était placée juste à côté de l'évier. Les fenêtres sont petites, les intérieurs sombres, toujours pour s'adapter au climat. Une autre particularité de ces constructions est le toit plat très légèrement incurvé, afin de récupérer les eaux de pluie stockées dans des citernes, mais qui permettait aussi de pouvoir ajouter facilement de nouvelles pièces à la maison, notamment en cas de naissance. Les *fincas* sont généralement disséminées en campagne et se sont petit à petit transformées, pour certaines, en hôtel d'agrotourisme. Un des plus beaux exemples de l'architecture traditionnelle *ibicenca* est celui de Balàfia, bourg médiéval situé à proximité de Sant Llorenç.

Eglise. Les églises construites sur les Pityuses revêtent une double fonction : ces lieux de culte se distinguent des églises de leur époque grâce à leur caractère défensif, qui se traduit généralement par la présence de murs épais et d'ouvertures réduites. Les Pityuses furent des siècles durant la cible des corsaires et des pirates en raison de leurs faiblesses insulaires, faits qui obligèrent les habitants à adapter leurs constructions pour se protéger. Comme la *finca* rurale, l'église *ibicenca* se caractérise par ses formes cubiques et ses murs blancs peints à la chaux, ainsi que par sa sobriété, tant dans son architecture que dans son décor épuré. Erigées au centre des villages, les églises ibiziennes sont depuis toujours un lieu fédérateur régulièrement animé de célébrations et de fêtes populaires où se réunissent les habitants.

Tour défensive. Ces édifices circulaires en pierre ont été érigés le long des côtes des îles Pityuses à partir du XVIe siècle, dans le but de prévenir les incursions pirates, d'une part par le signalement – les tours pouvaient communiquer les unes avec les autres par des signaux visuels afin de prévenir les habitants de l'arrivée des bateaux pirates – d'autre part en constituant un lieu de repli en cas d'invasion. Leur architecture spécifique circulaire constituée d'épais murs en pierre déploie deux niveaux d'élévation, avec une ouverture au second niveau permettant d'accéder à l'intérieur de la tour grâce à une échelle. Elles sont généralement élevées le long des côtes, mais l'on en trouve plus rarement sur le territoire intérieur, comme dans le village traditionnel de Balàfia. Ibiza compte une dizaine de tours défensives. Ces dernières offrent des points de vue spectaculaires sur la mer et les paysages côtiers. Un des plus impressionnants est sans doute celui de la Torre des Savinar qui donne sur les îlots d'Es Vedrà et d'Es Vedranell.

Artisanat

L'artisanat à Ibiza est très diversifié. Maroquinerie, sacs, vestes en cuir et ceintures sont en vente dans tous les magasins spécialisés. A Ibiza, si de nombreux artisans travaillent le cuir, la vannerie et la sandale en corde demeurent la marque de fabrique de l'île, sans oublier les vêtements et acces-

QUE RAPPORTER DE SON VOYAGE ?

Vu l'insularité et l'affluence touristique, les prix sont élevés à Ibiza. Cependant, quelques rares produits alimentaires sont meilleur marché que dans le reste de la péninsule ibérique. On peut cependant trouver des chaussures, du cuir, des perles, des produits de l'artisanat et de l'industrie locale à des prix relativement intéressants. Certaines marques bien connues en Espagne telles que Camper et Jaime Mascaró restent encore intéressantes à l'achat car leurs usines ou leurs sièges sociaux sont installés aux Baléares.

- **Artisanat.** Très diversifié. Attention aux prix et à la qualité ! Des petits marchés artisanaux sont installés dans les endroits les plus touristiques, souvent sur les places des villages.
- **Le sel d'Ibiza.** On le retrouve dans toutes les épiceries. Ce sel est vendu sous l'appellation commerciale Sal de Ibiza.
- **Hierbas (Ibiza).** Ce spiritueux populaire légèrement anisé est préparé depuis des siècles de manière artisanale par les familles de l'île. Depuis 1997, la dénomination Hierbas Ibicencas est censée garantir une certaine qualité au produit. Une très bonne idée-cadeau !
- **Le vin d'Ibiza** constitue également un très bon souvenir gourmet. Aujourd'hui, quatre bodegas produisent un vin d'appellation : Ibizkus Wines, Sa Cova, Can Maymó et Can Rich, cette dernière étant la seule à produire un vin dit écologique. On pourra visiter les installations de la plupart de ces bodegas et organiser une séance de dégustation avec possibilité d'acheter quelques bonnes bouteilles.
- ***Sobrassada*, *ensaimadas*, vin et huile d'olive...** Ces produits sont fabriqués de manière artisanale et peuvent être achetés dans n'importe quel recoin de l'île, alors pourquoi s'en priver ?

soires de mode Adlib ! Dans les années 1960, la mode *ibicenca* a été influencée à la fois par l'habit traditionnel et par la liberté du mouvement hippie. L'île se démarque en effet par un mélange de liberté et de tolérance que le mouvement AdLib (du latin *ad libitum*, qui peut se traduire par « à volonté, au choix »), créé par Smilja Mihailovitch. L'actrice yougoslave, à l'heure de la conquête de la liberté favorisée par l'émergence du mouvement hippie, lança le mot d'ordre : Viste como quieras pero con gusto (Habille-toi comme tu veux, mais avec goût). Aujourd'hui, cette mode est toujours au goût du jour, et les boutiques ne manquent pas, notamment dans le centre d'Eivissa. Les différents marchés hippies d'Ibiza (et de Formentera) proposent également quelques bons produits, ou fabriqués localement, ou importés des Indes ou d'Amérique latine.

MARCHÉS HIPPIES

Ibiza est connue non seulement pour ses nuits animées, ses plages bordées d'une mer turquoise mais aussi pour ses fameux marchés hippies.

- **A Eivissa, le long de la marina, chaque soir,** des petits stands s'installent et vous proposent bijoux, peintures et divers souvenirs. Ce marché n'a pas grand-chose de hippie, mais ressemble plutôt à tant d'autres que vous aurez eu l'occasion de croiser sur vos lieux de villégiature.
- **A Es Canar se tient tous les mercredis le Hippie Market.** Ce marché n'est hippie que par son nom. Vous y trouverez une multitude de produits de contrefaçon de marques de luxe, des tee-shirts fabriqués en série et beaucoup d'autres objets faisant office de souvenirs. Tous les hôtels proposent cette excursion à leurs clients et les touristes débarquent par cars entiers. Si vous avez le courage et beaucoup de souvenirs à rapporter...
- **A Sant Carles se tient tous les samedis le marché de Las Dalias**, assurément le plus dépaysant. La plupart des marchands proposent des produits artisanaux qu'ils ont fabriqués ou qu'ils ont rapportés de leurs périples en Inde ou en Amérique latine. De beaux produits variés pour la plupart (étoles, bijoux, vêtements, cuirs...), et les vendeurs sont décontractés. Vous pourrez même vous délasser devant un thé à la menthe, assis sur des coussins sous une tente à l'abri du soleil. Une étape recommandée.
- **A San Jordi le samedi matin se tient un marché aux puces** ou de plus en plus de hippies essaient de vendre leur marchandise. Intéressant pour ceux qui aiment l'ambiance vide-greniers. Un autre marché du même type a lieu le dimanche à Cala Llenya.
- **A Sant Joan,** le dimanche matin, la petite place du centre-ville accueille les échoppes temporaires de commerçants proposant pièces d'artisanat, produits alimentaires, cosmétiques locaux et bio... Bref, que du fait-maison. Concerts à partir de midi. Ambiance très *roots*.

Cinéma

Aux côtés de ces films qui font de la musique, de la danse et de la bonne humeur leur pierre angulaire, l'île passionne également par ses mystères et par ses frasques. Un côté obscur, mystérieux, voire carrément terrifiant, que certains grands réalisateurs ont embrassé comme Orson Welles, Barbet Schroeder ou Julio Medem. Et ce encore aujourd'hui, avec la toute récente série *White Lines* d'Alex Pina, le créateur de *La Casa de Papel*.

Quand les hippies faisaient le cinéma

Si les premiers à coloniser les plages de l'île au début des années soixante sont les beatniks, ce courant assez marginal est rapidement remplacé par des cohortes de hippies, déserteurs pacifistes et autres citoyens américains fuyant un pays dont ils ne partagent plus les valeurs. Dans leurs valises, ces touristes d'un nouveau genre amènent une nouvelle forme de détente, ainsi que de nouvelles drogues comme le cannabis, mais aussi l'héroïne. Et c'est dans ce contexte bouillonnant que le réalisateur suisse Barbet Schroeder tourne son premier film *More* sur l'île. Une œuvre franco-germano-espagnole qui deviendra référence du courant hippie, sortie en 1969. Le récit se construit autour de la rencontre de deux jeunes désœuvrés dans une décennie qui ne leur correspond plus. Stefan, récemment diplômé à Berlin, décide de partir pour Paris en autostop. Là, il rencontre Estelle, expat' américaine. Ensemble, ils partent chercher le soleil et des réponses sur l'île d'Ibiza. Une idylle qui dégénère lorsque Estelle fait découvrir l'héroïne à Stefan, substance dont ils deviennent tous deux dépendants. Bercé par les mélodies de Pink Floyd qui offre une bande-son mémorable au film, *More* filme l'île d'Ibiza et la diversité de ses paysages. On peut y apercevoir un moulin qui n'est pas sans rappeler celui de Sa Punta des Molí, que vous pourrez visiter à Sant Antoni. Et si la ville a bien changé depuis le tournage, l'îlot Es Vedrá, lui, est resté le même, préservé par son statut de réserve naturelle. La maison de la mère du cinéaste, dans et autour de laquelle il a tourné le reste de son film est, quant à elle, toujours debout. La preuve, Schroeder reviendra aux sources pour y tourner *Amnesia* en 2015, une œuvre complexe sur l'arrivée des premiers DJ dans l'île et sur la réconciliation impossible des deux Allemagne après la chute du mur de Berlin. Les falaises de Calo d'Hort, les marchés de rue typiques de l'île et le Cap Nonó font partie des nouveaux paysages que le cinéaste ajoute à sa palette. Un message d'amour d'un cinéaste à son île, sur laquelle il a passé une bonne partie de sa vie.

Ibiza dans le cinéma espagnol

Julio Medem s'aventure pour la deuxième fois dans les Baléares avec *Chaotique Ana* en 2007. En 2001, c'est à Formentera qu'il avait posé sa caméra pour *Luciá y el sexo*, film qui lui avait offert un succès critique, ainsi qu'un Goya – l'équivalent d'un Oscar espagnol – à l'actrice principale Paz Vega. Dans *Chaotique Ana*, le réalisateur plonge dans la psyché de son personnage. Un thriller intriguant qui plaira aux amateurs du style du cinéaste. L'île contribue bien sûr à installer cette ambiance étrange, entre influences hippies et quiétude des paysages. D'autres productions cinématographiques plus ou moins heureuses ont élu domicile sur l'île depuis le début des années 2000. Parmi eux, le film *Aislados* de David Marqués se démarque comme une comédie noire mettant en scène deux jeunes refaisant le monde autour d'un verre dans une maison rurale du petit village de Santa Agnès de Corona, tandis que le court-métrage *Los Crímenes del Día de Todos los Santos* revient sur les terribles meurtres en série commis dans les années cinquante et soixante, et dont le coupable ne sera arrêté qu'en 1974. Un film ibizien principalement situé dans les bois de Sant Miquel de Balansat où furent découverts les corps, et autour de la ville de Sant Joan de Labritja.

En 2020, c'est la série Netflix *White Lines* qui établit ses quartiers sur l'île blanche. Créée par l'homme derrière le succès planétaire de *La Casa de Papel*, la série narre l'histoire de Zoe Walker (incarnée par Laura Haddock), une femme tentant d'élucider la mort de son frère, DJ ayant disparu à Ibiza il y a près de vingt ans. Principalement filmé sur l'île voisine de Majorque pour des raisons logistiques, l'œil attentif reconnaîtra cependant de nombreux décors ibiziens de la série, à commencer par la Marina d'Ibiza où Zoe est accueillie à son arrivée. Le lieu favori d'Axel, que l'on découvre dans les flash-back, n'est autre que la Torre d'en Rovira, l'endroit idéal pour admirer le coucher de soleil à Ibiza. Et bien sûr, Dalt Vila, la vieille ville d'Ibiza, constitue l'un des décors principaux de cette enquête qui n'aura pas de deuxième saison sur Netflix, faute de public.

Ibiza, star internationale de cinéma

Au cinéma comme dans la vraie vie, Ibiza et son atmosphère fascinent les scénaristes et les cinéastes encore aujourd'hui. Preuve en est le tout récent film *Ibiza* d'Arnaud Lemort, sorti en 2019 avec Christian Clavier, ou encore le film éponyme sorti un an plus tôt sur Netflix, réalisé cette fois par Alex Richanbach avec Gillian Jacobs.Deux salles, deux ambiances, mais surtout deux comédies qui prennent un malin plaisir à nous confronter à l'image du touriste déjanté plus ou moins lourdaud sur l'île d'Ibiza. Sans oublier tout de même de nous emmener dans les paysages les plus iconiques de l'île comme la cité de Dalt Vila bien sûr, mais aussi la promenade de Santa Eulària des Riu. Enfin, parmi les autres occurrences marquantes d'Ibiza à l'écran, on peut citer le film *Vérités et Mensonges* d'Orson Welles, tourné en partie dans la ville du faussaire Elmyr de Hory, sur Ibiza. Ou encore, les quelques aventures de la panthère Rose qui ont fait escale sur l'île, et dont la plus mémorable est sans aucun doute *A la recherche de la panthère rose*, réalisé par Blake Edwards en 1982. Et bien sûr, la filmographie d'Ibiza ne serait pas complète sans *Ibiza Undead*, un – assez mauvais a-t-on entendu dire – film retraçant les déboires d'un groupe de jeunes partis passer les vacances de leur vie sur Ibiza, sans se douter qu'une apocalypse zombie leur pendait au nez.

Littérature

Nombreux sont les intellectuels qui, dès les années 1930, virent en Ibiza une terre d'exil, un refuge de paix et de sérénité, loin des grandes villes, du modernisme ou de la montée du fascisme européen. Poètes, écrivains, essayistes et philosophes contribuèrent, aux côtés des artistes, à la création et à la diffusion d'un mythe : Ibiza. Albert Camus, Jacques Prévert et Drieu La Rochelle comptent parmi les écrivains et poètes français qui séjournèrent sur l'île. Voici quelques personnalités à retenir :

- **Mariá Villangomez Llobet.** Né à Ibiza en 1913, dramaturge et traducteur, personnalité incontestable et incontestée, il est connu comme le meilleur poète d'Ibiza. Son inspiration authentique lui vaut une place importante dans la poésie catalane. Il est mort le 12 mai 2002.
- **Ramon Muntaner.** Né en 1265. Militaire et historien, il fait partie de l'expédition catalano-aragonaise d'Orient. Gouverneur de l'île de Djerba, lieutenant de Jacques III, il meurt en

1336 à Ibiza après en avoir été le maire. *Chroniques* (1328) est le plus fameux de ses ouvrages.

Walter Benjamin. Philosophe et critique d'art allemand né à Berlin en 1892, Walter Benjamin séjourna à deux reprises sur l'île blanche, en 1932 et en 1933. Il sera fasciné par les modes de vie et les traditions ancestrales de cette terre insulaire où de nombreux intellectuels vinrent s'exiler pour fuir le fascisme grandissant en Europe. L'œuvre du poète et essayiste Vicente Valero (né à Ibiza en 1963) *Expérience et pauvreté : Walter Benjamin à Ibiza, 1932-1933* revient sur les séjours de Walter Benjamin à Ibiza.

Jean Selz. Ecrivain et critique d'art, Jean Selz rencontre Walter Benjamin à Ibiza en 1932, avec qui il se lie d'amitié. Dans son récit *Voyage aux îles Pythiuses*, l'auteur conte l'histoire des exilés d'avant-guerre, ces artistes et ces intellectuels venus trouver sur l'île un refuge avant que n'éclate la guerre civile en 1936.

Antonio Colinas. Né en 1946, ce poète castillan, auteur de nombreux recueils de poésie et lauréat de plusieurs prix littéraires (prix de la Critique en 1975 et prix national de Littérature en 1982) a trouvé à Ibiza l'endroit idéal pour écrire et vivre simplement, hors de la mode. Ses poésies complètes, *El Rio desombra*, ont été rééditées. Son ouvrage, *Rafael Alberti en Ibiza, Seis semanas del verano de 1936* a connu un grand succès à travers toute l'Espagne.

Rafael Alberti. Originaire de la province de Cadix, ce poète et dramaturge né en 1902 est connu pour son œuvre prolifique autant que pour son implication dans le communisme. Il a appartenu au groupe littéraire *Generación del 27*, qui émerge en 1923 pour se dissoudre lorsqu'éclate la Guerre civile, ainsi qu'au mouvement surréaliste. L'été 1936, Alberti visite Ibiza avec sa femme María Teresa León, et c'est le poète Antonio Colinas qui nous livre cet épisode précieux de la vie du dramaturge, riche de moments contemplatifs teintés de l'assurance de l'arrivée prochaine de la guerre civile. Alberti part en exil de 1939 à 1977, avant de revenir en Espagne, où il mourra en 1999.

Musique

Ibiza, ses nuits, ses DJ, ses fêtes, sa fièvre, son hédonisme nocturne... Passées les images d'Epinal conviant des David Guetta et consorts les bras en l'air, se révèle une culture riche, ancestrale, qui compte par exemple quelques danses parmi les plus anciennes d'Espagne.

Danseur folklorique de « ball pagès », Sant Miquel.

La musique traditionnelle

Les traditions de Formentera et Ibiza sont si similaires que l'on pourrait presque parler de cultures siamoises Pityuses. C'est ainsi que le Ball Pagès est aussi bien un pilier de l'identité de Formentera que d'Ibiza. Danse emblématique, le Ball Pagès voit dans sa chorégraphie tout en mouvements circulaires répétés, l'homme tourner autour de sa partenaire en jouant des *castanyoles* (castagnettes d'environ 15 cm) tandis qu'elle avance à petits pas, fixant le sol. Outre la splendeur chorégraphique, les Ball Pagès se distinguent par la splendeur des habits traditionnels portés. Les hommes sont généralement vêtus en blanc et noir, la taille marquée d'une large ceinture, un bonnet rouge retombant sur la tête. Les femmes, quant à elles, portent de longues robes, les cheveux couverts d'un voile, et arborent leurs *emprendadas*, un ensemble de colliers. L'*emprendada* accompagne la vie des jeunes filles, de la première communion à la puberté. Vrais trésors familiaux, ces colliers se transmettent de génération en génération. La musique accompagnant les Ball Pagès est généralement basée sur des rythmes répétitifs dont l'intensité va crescendo. A Ibiza, cette danse traditionnelle est très bien préservée. On peut par exemple la voir chaque jeudi soir à Sant Miquel, le bal le plus ancien de l'île, actif depuis 1965. Autrement, cette danse est encore très souvent interprétée, notamment lors des festivités majeures comme les fêtes patronales. A commencer par celles de Sant Francesc de S'Estany. *Cantades* et *caramelles* complètent le folklore musical de l'île. Les *cantades*, qui chantent l'amour et les récits personnels, sont encore pratiquées par quelques passionnés et/ou lors de festivités locales diverses. Les caramelles de Nadal, quant à eux, sont des chants religieux typiques d'Ibiza et de Formentera, qui résonnent dans les églises au moment de la messe de Noël et du dimanche de Pâques. Castagnettes, espasi – un instrument typique des Baléares en forme d'épée – flûte et tambour rythment la musique. Ces compositions traditionnelles ont ainsi été déclarées « bien d'intérêt culturel » en 2005.

La musique populaire

Petite par sa taille, Ibiza l'est aussi pas sa scène musicale qui, hors clubbing, est plutôt modeste. Parmi les entités à retenir, citons Uc, groupe légendaire qui a redonné une seconde vie folk à des chansons traditionnelles d'Ibiza tombées dans l'oubli, leur donnant un style folklorique. Très actif dans les années 1970 et 1980, le groupe n'a plus rien sorti depuis quelques années. Dans le même esprit, mais plus récemment, dans les années 2000, Projecte Mut a également envisagé de mélanger folk-rock avec répertoire et instruments traditionnels. Dernier groupe d'Ibiza à mentionner, Pota Lait eu un certain succès un moment donné pour son mélange de rock, folk, hip-hop, reggae et country. Pour entendre d'autres styles que de l'électronique à Ibiza, il est conseillé de se rendre au festival Sueños De Libertad.

La musique électronique

Le monde entier le sait, la musique électronique et (par extension) le clubbing sont des sports nationaux à Ibiza. Et si des superstars comme David Guetta font beaucoup de bruit et que le clubbing local est devenu une industrie en manque d'âme, on peut encore croiser de bons

© OTOGRAFIAS – ISTOCKPHOTO.COM

Panneaux flower power à Ibiza.

DJ comme Black Coffee au Hi Ibiza (qui a remplacé l'iconique Space), Maceo Plex à l'Amnesia, Carl Cox au Pacha, DJ Harvey au Pikes Ibiza ou encore Paul Oakenfold... un peu partout. A noter que ce dernier, acteur historique du son d'Ibiza, a largement popularisé au Royaume-Uni le balearic beat, genre de house né à l'Amnésia dans les années 1980 / 1990 entre les mains de DJ Alfredo et mélange de musique électronique et pop psychédélique. Très sereine et planante, cette musique porte en elle l'ADN des grandes années d'Ibiza. Une excellente compilation est d'ailleurs à conseiller pour les curieux ou amateurs du genre : Ritmo Fantasía : Balearic Spanish Synth-Pop, Boogie and House (1982-1992). Paru en 2021 sur le toujours très bon label Soundway, l'album documente parfaitement la naissance de cette esthétique ibizienne. En marge du clubbing, la musique électronique locale a également produit des choses un brin plus raffinées – et moins connues – telles que Vacabou, duo au trip-hop très aérien évoquant Air.

Peinture et arts graphiques

Qu'on se le dise, le dynamisme culturel d'Ibiza vaut largement sa vie nocturne ! Peu de destinations ont attiré une telle variété de talents durant plusieurs décennies. Terre de refuge en périodes de troubles, Ibiza s'est constitué un foyer artistique bouillonnant. Par la suite, les esprits créatifs ont plébiscité l'île blanche pour renouveler leur inspiration. Des premiers impressionnistes locaux aux graffeurs contemporains, l'énergie n'a fait que se renforcer. Tous les genres ont ici leur place.

Premiers échos

Narcís Puget i Viñas (1874-1960) s'impose comme le premier peintre d'Ibiza à avoir suscité un intérêt au-delà de l'archipel. Il multiplie les paysages de l'île, traités dans un style impressionniste. Les thèmes chers au costumbrismo, à savoir ceux qui reflètent les us et coutumes, dominent sa longue carrière. 130 de ses créations ont rejoint en 2007 la collection du fabuleux Museu Puget, à Dalt Vila.

Son contemporain Laureano Barrau compte parmi les premiers artistes qui ont élu domicile à Ibiza. Le peintre né à Barcelone en 1863 étudie Madrid avant de poursuivre sa formation à Paris. Il s'installe à Ibiza à l'âge de 47 ans, plus précisément à Santa Eulària des Riu, où il continue de produire jusqu'à l'âge de 98 ans. A sa mort en 1957, sa femme ouvre un musée dans le village pour abriter ses œuvres. Le musée a fermé et, en attendant de le réinstaller dans la salle paroissiale, ses œuvres sont visibles au Musée ethnographique du Puig de Missa. Barrau assiste à la première vague d'exils de 1930. Des têtes pensantes, des peintres et des architectes de toute l'Europe fuyant le fascisme trouvent alors refuge dans les îles. La vie culturelle s'en trouve grandement dynamisée. Raoul Hausmann, cofondateur du mouvement dadaïste, s'installe à Ibiza à cette époque. Loin de l'agitation de la Seconde Guerre mondiale, l'île offre un cadre préservé aux artistes. A la fin des années 1950, on peut même parler d'engouement. Les beatniks, bientôt suivis par des voyageurs, marginaux et réfugiés de tous horizons s'établissent ici pour peindre, sculpter ou écrire.

Grupo 59 et Grupo Puget

L'Allemand Erwin Bechtold s'établit à Ibiza en 1954, en préservant des ponts artistiques avec les capitales européennes. En 1959, il fonde avec Erwin Broner le Grupo Ibiza 59 qui réunit l'avant-garde occidentale : les Allemands Hans Laabs, Egon Neubauer et Katja Meirowsky ; les Américains Robert W. Munford et Erwin Broner, le Suédois Bertil Sjoeberg et les Espagnols Antonio Ruiz et Carlos Sansegundo. Il s'agit davantage d'une alliance que d'une école, chacun développant son propre style. La première galerie d'Ibiza, El Corsario, ouvre ses portes la même année. Les musées, salles d'expositions et galeries se développent rapidement dans l'archipel. Les galeries Ivan Spence ou Carl Van Der Voort ouvrent la scène d'Ibiza à l'international. De leur côté, les locaux Marí Ribas, Vicent Calbet, Ferrer Guasch et Antonio Pomar constituent le premier collectif d'artistes d'Ibiza, le Grupo Puget, en 1962. Ils nomment leur association en hommage au précurseur Narcís Puget i Viñas. Marí Ribas, dit Portmany (1906-1974), produit plusieurs milliers de dessins qui font état de la vie populaire d'Ibiza. Antoni Pomar (1927-2017) se forme à Ibiza puis à Valence, avant de devenir enseignant à l'Ecole des Arts et Métiers d'Ibiza. Attaché à la technique, il peint des scènes de la vie locale empreintes de nostalgie. La première biennale des Baléares a lieu en 1964, peu avant la création du premier musée d'art contemporain espagnol.

Havre de culture

L'inauguration du Museu d'art contemporani d'Eivissa (MACE) en 1970 change la donne. Implanté dans le quartier historique de la ville, il est le premier musée d'art contemporain ouvert en Espagne. Il affirme d'emblée son ambition de transmettre l'héritage culturel de l'île. Par la suite, afin de mettre l'accent sur la création contemporaine, le musée enrichit sa collection d'œuvres du Majorquain Miquel Barcelò, célèbre pour ses fresques monumentales, et du sculpteur Barry Flanagan, qui passa une grande partie de sa vie à Ibiza. Ces dernières années, l'institution s'associe à des galeries locales pour promouvoir des artistes renommés.

FESTIVITÉS

L'Espagne est un pays qui tient à ses coutumes, à ses traditions, et Ibiza n'échappe pas à la règle. De culture profondément catholique, les célébrations les plus importantes qui rythment l'année sont religieuses et continuent de structurer le passage du temps, à l'image de la Semana Santa ou du défilé des Rois Mages (sérieux concurrents du Père Noël de l'autre côte des Pyrénées). Chaque ville et village d'Ibiza est sous le patronage d'un saint (ils portent d'ailleurs tous le nom d'un saint, à l'exception de Jesús), qui, le jour venu, fait l'objet des célébrations les plus enthousiastes ! Les bourgades de l'intérieur des terres sont également très attachées à leurs coutumes anciennes qui ont plus à voir avec le passage des saisons qu'avec la religion. On verra ainsi leurs habitants, vêtus d'habits traditionnels, danser lors d'un bal paysan. Quelques festivals de musique, mais aussi gastronomiques et sportifs sont à signaler.

Janvier

CAVALCADA DE REIS

IBIZA – EIVISSA

Lors de la parade des Rois mages, Melchior, Gaspard et Balthazar récompensent les enfants qui ont été sages. Concurrencés par le Père Noël, les Rois mages demeurent une institution dans toute l'Espagne. Dans de nombreuses familles, les enfants reçoivent un petit cadeau le soir de Noël, mais il faut attendre l'arrivée des Rois pour recevoir un gros cadeau. Et les enfants qui n'ont pas été sages ne reçoivent qu'un petit sac en toile rempli de charbon de sucre. A Ibiza, la procession des Rois mages se fait dans les rues d'Eivissa.

FÊTE PATRONALE DE SANTA AGNÈS DE CORONA

SANTA AGNÈS DE CORONA

Il s'agit de la fête patronale du petit village de Santa Agnès. C'est à cette époque que les amandiers fleurissent, couvrant de blanc la cuvette naturelle dans laquelle se trouve Santa Agnès. Côté célébration, le programme oscille entre messe matinale, procession traditionnelle dans les rues du bourg, *ball pagès* en costume folklorique et défilé de moyens de locomotion anciens. Généralement, la fête est ponctuée de représentations théâtrales ou musicales.

FÊTE PATRONALE DE SANT ANTONI DE PORTMANY

SANT ANTONI DE PORTMANY

Fête patronale de la ville dédiée à saint Antoine. Des événements comme *Flower Power* ou *La Movida* sont alors organisés, à grand renfort de musiques des années 1970/80, qui commencent généralement avant le jour J. Puis, le 17 janvier mai se tient une messe au matin, suivi d'une procession traditionnelle au cours de laquelle on procède à la bénédiction des animaux d'élevage. C'est ensuite le *ball pagès* qui s'empare de chacun : flûte et pas de danses se succèdent jusqu'à plus soif !

Février

CAVALCADE DU CARNAVAL

La fête du carnaval se déroule traditionnellement sur toutes les îles des Baléares, juste avant le début de la période de carême. C'est certainement à Palma de Mallorca que le carnaval est le plus important : les fêtes traditionnelles commencent le jeudi gras et s'étendent sur toute la durée du week-end, avec au programme concerts, spectacles de danse et défilés costumés ! La coutume veut que la fête se termine le Mercredi des Cendres avec « l'enterrement de la sardine », symbole du carnaval, marquant le début du printemps et d'un nouveau cycle de vie !

FÊTE DE SANTA EULÀRIA DES RIU

SANTA EULÀRIA DES RIU

Il s'agit de la fête patronale de Santa Eulària des Riu, la deuxième ville de l'île. On célèbre à cette occasion le rôle important que jadis jouait la cité, de par sa localisation notamment : elle est en effet la seule ville d'Ibiza à être traversée par une rivière, rendant possibles l'irrigation des cultures et le fonctionnement des moulins. A l'occasion de cette grande célébration se mêlent des activités religieuses et d'autres laïques : messes, jeux variés, ateliers, stands de dégustations de produits locaux et danses folkloriques bien sûr !

Mars

FÊTE DE LA COMMUNAUTÉ AUTONOME DES ILES BALÉARES

Chaque année, le 1er mars est l'occasion d'une grande célébration sur chacune des îles des Baléares. Cette date correspond à celle de l'entrée en vigueur du statut d'autonomie de l'archipel, entériné le 1er mars 1983. A l'occasion du *Día de Baleares*, de nombreuses activités culturelles et gastronomiques rythment la journée dans une ambiance bon enfant : danses traditionnelles, théâtre, musique live et dégustation de produits typiques des îles sont au programme !

SETMANA SANTA

La *Setmana Santa* est une commémoration de la mort et de la résurrection du Christ, particulièrement célébrée en Espagne. Elle débute le dimanche des Rameaux et se termine le dimanche de Pâques. Elle attire dans les rues autant de fidèles que de touristes qui, tous, viennent assister aux processions spectaculaires et autres reproductions liturgiques retraçant les derniers jours du Christ, organisées par les confréries. Dans les Baléares comme en Espagne, la Semaine sainte marque généralement le début de la saison touristique.

Avril

FIRA DE LA LLAGOSTA, LA GAMBA I EL PEIX

SANT ANTONI DE PORTMANY

La Fira de la Llagosta, la Gamba i el Peix (Foire du Homard, de la Crevette et du poisson) est une grande fête qui se tient chaque année sur la jetée de Sant Antoni : les chefs locaux y proposent des tapas élaborées à partir de crevettes et de homard d'Ibiza. Des excursions en bateau vers la Cova de ses Llagostes (aquarium et centre de récupération des espèces marines) sont également organisées. Amateurs de saveurs marines locales, vous voilà servis !

Semaine Sainte.

Mai

EIVISSA MEDIEVAL

Dalt Vila
IBIZA – EIVISSA

Généralement organisée le deuxième week-end de mai, Eivissa Medieval est une grande fête célébrant la commémoration de la déclaration d'Ibiza comme faisant partie du patrimoine mondial par l'Unesco. Elle se déroule sur quatre jours dans la vieille ville et accueille plus de 100 000 visiteurs chaque année. C'est un véritable voyage à travers le temps avec des spectacles en costumes d'époque, des concerts de grande qualité, des danses et des expositions. Expositions d'objets allant de l'époque punique jusqu'à l'époque médiévale.

EL PRIMER DOMINGO DE MAYO

SANTA EULÀRIA DES RIU

A Ibiza, il existe un mont appelé S'Eglésia Vella. La légende dit qu'autrefois, en haut de ce mont, se trouvait une petite église (d'où son nom). Un jour, à la fin de la messe, celle-ci, ainsi que son clocher, s'effondra brutalement et tomba au fond de la mer. Tout le monde en sortit sain et sauf. Cet événement fut considéré comme un miracle. Ayant eu lieu un premier dimanche de mai, cette date est depuis célébrée tous les ans. L'une des fêtes les plus populaires de l'île !

MODA ADLIB

IBIZA – EIVISSA
www.adlibibiza.es
info@adlibibiza.es

En mai 2021, l'Adlib Pasarela a fêté son 50e anniversaire ! Ce festival a pour objectif d'offrir un rayonnement national et international à la mode d'Ibiza à travers des défilés de créateurs, qu'ils soient établis de longue date ou non. La mode Adlib, typique de l'île, se caractérise par des tissus tels que le lin et le coton, la couleur blanche (bien que d'autres couleurs soient introduites) et des élaborations artisanales telles que la broderie et la dentelle. Fashionistas et autres amateurs de blanches dentelles, *stay tuned !*

Juin

FÊTE DE LA SAINT-JEAN (SANT JOAN)

La Saint-Jean (Sant Joan en catalan) est, de loin, la fête la plus populaire de l'archipel, voire de tous les territoires où le catalan est parlé. A cette occasion, les villes et villages accueillent des feux d'artifice organisés par les municipalités, mais c'est aussi un moment de joie vaguement anarchique où les pétards fusent dans tous les sens ! On se réunit alors massivement sur la plage pour faire la fête... jusqu'au petit matin pour les plus gaillards !

Juillet

FÊTE MARINE DE LA VIERGE DEL CARME

IBIZA – EIVISSA

La Vierge du Carmen, sainte patronne des pêcheurs et des marins, est célébrée dans tous les villes et villages de bord de mer de l'Espagne chaque 16 juillet. Selon la tradition, la Vierge bénit ce jour-là tous les travailleurs de la mer qui ont perdu la vie au large. La fête a lieu dans plusieurs coins de l'île. A voir notamment, la procession de l'image de la Vierge en bateau dans le port d'Ibiza ou de Sant Antoni, mais aussi sur les plages de Portinatx et Es Cubells.

Août

FÊTES PATRONALES D'EIVISSA

IBIZA – EIVISSA

Les premiers jours d'août sont chargés en festivités pour Eivissa, nommées informellement les « Festes de la Terra » (fêtes de la terre) ! On y célèbre en effet à la fois Nuestra Señora de Las Nieves (Notre-Dame-des-Neiges), sainte patronne de l'île, le 5 août ; puis San Ciriaco (Saint Cyriaque), patron de la capitale de l'île, le 8 août. Le 8 août est également le jour de commémoration de la conquête catalane d'Ibiza en 1235. Messes et feux d'artifice.

Octobre

FERIA DE LA SAL – FÊTE DU SEL

SES SALINES

Dans la splendide enceinte protégée de Ses Salines se tient le dernier dimanche d'octobre la fête du sel, une occasion en or pour en apprendre davantage sur l'une des anciennes principales sources de richesse de l'île. Grâce à des visites guidées et commentées à travers le parc, à pied et en bus, on découvre le monde du sel selon plusieurs thématiques : *Salinas et salineros* (les Salines et les travailleurs du sel), l'histoire, la nature et les traditions gastronomiques.

Novembre

FESTES DE SANT CARLES

SANT CARLES DE PERALTA

www.ibiza.travel/fr

info@ibiza.travel

Une fois la messe célébrée dans l'église de Sant Carles, place à la fête : procession en l'honneur de Sant Charles, *ball pagès* (bal paysan) et dégustation de produits typiques de l'île. Le 4 novembre est également le jour du Grand Prix Pagès, une compétition à l'occasion

© RAQUEL PEDROSA – SHUTTERSTOCK.COM

Costumes de danse traditionnels.

de laquelle s'affrontent plusieurs équipes déguisées à travers diverses épreuves physiques et de réflexion. *Hierbas ibicencas* et vin paysan sont de la partie. Une fête traditionnelle d'Ibiza qui permettra de connaître un peu mieux le côté authentique de l'île tout en s'amusant !

Décembre

CARAMELLES DE NADAL

Les *caramelles de Nadal* sont des chants religieux traditionnellement interprétés dans les paroisses d'Ibiza et de Formentera le soir de Noël et dans les jours suivants. Elles sont célébrées à Sant Francesc, Sant Ferran et La Mola. Le chant est rythmé par le son de divers instruments comme l'*espasí* – un instrument typique des Baléares – la flûte et les castagnettes. La composition se divise en trois temps d'une vingtaine de minutes chacun, pendant lesquelles les *espasíesquadres de caramellers* (les chanteurs de *caramelles*) célèbrent la naissance du Christ.

FÊTE DU VIN PAGÈS

SANT MATEU D'ALBARCA

Cet événement populaire se célèbre depuis 35 ans chaque fin d'année à Sant Mateu, zone connue pour ses cultures de vignes. S'y rendre sera l'occasion de goûter gratuitement une trentaine de vins de la région et des produits du terroir : charcuterie fraîche (*sobrassada*) ou braisée (*butifarra*), sucreries du terroir (beignets d'Ibiza et *orelletes*) à accompagner de vin chaud ou de chocolat chaud. Musique et danses traditionnelles égayent la journée. Une occasion de découvrir les coutumes de l'île dans une ambiance populaire et guillerette !

CUISINE LOCALE

Généreuse et variée, la cuisine d'Ibiza s'inspire directement des traditions culinaires importées avec eux par les différents conquérants et colonisateurs de l'île au cours de l'histoire. Ses plus grands emprunts viennent sans aucun doute de la cuisine catalane et de celle de la région de Valence, cette dernière ayant elle-même fort emprunté à la cuisine arabe, à une époque où le pays de Valence n'avait pas encore été rattrapé par la Reconquista.

Produits et spécialités

A base d'huile d'olive, la cuisine d'Ibiza fait appel aussi bien aux produits du terroir qu'à ceux de la mer. Entre autres spécialités, on retrouve le fameux *pa amb oli*, typique des Baléares, à savourer en début de repas : ce sont des morceaux de pain préalablement baignés dans de l'huile d'olive et frottés à l'ail, que l'on tartine d'une sauce à base de tomates. *El ali-oli* (mayonnaise à l'ail) se sert quant à lui en entrée, pour accompagner le pain et les olives. Autre délice à déguster partout sur le territoire : la *sobrassada* (charcuterie locale). Les *cocas*, sorte de pizzas locales, sont aussi très connues et se dégustent partout.

A Ibiza comme à Formentera, la cuisine est principalement à base de poisson. Vous goûterez avec plaisir aux spécialités locales comme l'inratable *bullit de peix*. Il s'agit d'une des plus fameuses spécialités culinaires de l'île, que l'on pourrait traduire par « ragoût de poisson ». Il se compose de divers poissons de roches comme la rascasse ou le mérou, que l'on accompagne de pommes de terre. Le jus que produit la préparation est ensuite utilisé pour préparer le riz qui

© LAURAAG4 - SHUTTERSTOCK.COM

Bullit de peix.

HIERBAS IBICENCAS

La boisson qui se cache derrière l'appellation *Hierbas Ibicencas* est un spiritueux populaire légèrement anisé, préparé depuis des siècles de manière artisanale par les familles de l'île, sans doute inspiré des préparations de moines qui peuplèrent les Baléares au Moyen Age. Parmi les nombreuses herbes et plantes locales fermentées que l'on retrouve dans la recette (qui varie d'une famille à l'autre, chacune y ajoutant son ingrédient secret), on retrouve presque systématiquement romarin, thym, menthe, lavande, fenouil, verveine, sauge, genévrier, zestes d'orange et de citron. Depuis 1997, la dénomination géographique protégée (*denominación geográfica protegida*) *Hierbas Ibicencas* n'est attribuée qu'aux producteurs inscrits sur le registre du Conseil d'Ibiza, garantissant par là une certaine qualité au produit. Un digestif largement consommé sur toute l'île, et même au-delà !

accompagne le *bullit*, et que l'on appelle, selon les restaurants, « caldoso » ou « paella ». Un plat qu'il faudra absolument goûter avant de quitter Ibiza. Autres spécialités à tester : la *burrida de rajada*, de la raie bouillie accompagnée d'une sorte de coulis d'amandes pilées, et le *sofrit pagès*, un plat élaboré à partir d'agneau, de poulet, de *sobrassada* et de pommes de terre.

L'huile d'olive est également une denrée *ibizenca* de qualité, avec des produits venant de chez *Joan Benet* et *Can Miquel Guash*, les deux plus gros fabricants d'huile d'olive de l'île.

Le sel est également un produit caractéristique d'Ibiza. Les Salines du sud de l'île, si elles ont longtemps été boudées par les locaux, ont repris depuis quelques années de l'activité, notamment pour la production de sel alimentaire (dont une version haut de gamme est vendue sous l'appellation commerciale *Sal de Ibiza*) et pour la salaison du poisson, dont les principaux acheteurs sont les pays scandinaves et l'Ecosse.

Boissons

- **Le vin d'Ibiza** est de belle facture. Si la culture de la vigne est attestée sur les îles depuis des temps anciens, depuis novembre 1996, après l'approbation d'un décret par le gouvernement des Baléares, a été créée la région viticole de « Ibiza » avec comme dénomination officielle Vi de la terra de Ibiza. Un nouveau décret vient préciser le précédent en 2003, autorisant aux vins produits sous la dénomination Vi de la terra de Ibiza quatre cépages pour le vin rouge (cabernet, sauvignon, merlot et syrah) et deux pour le vin blanc (malvasía et chardonnay), et en introduisant de nouvelles normes de contrôle de la qualité. Aujourd'hui, quatre bodegas produisent un vin tombant sous cette appellation : Ibizkus Wines, Sa Cova, Can Maymó et Can Rich, cette dernière étant la seule à produire un vin dit écologique. On pourra visiter les installations de la plupart de ces bodegas et organiser une séance de dégustation avec possibilité d'acheter quelques bonnes bouteilles.

Les liqueurs, avec les *Hierbas* d'Ibiza comme star incontestée, un des digestifs les plus appréciés sur l'île.

Les bières. Vous trouverez principalement la marque catalane Estrella et la bière locale Isleña, même si depuis quelques années, un brasseur a lancé à Ibiza la *Ibosim*, une bière artisanale élaborée sur l'île uniquement. Si vous voulez commander un demi, demandez une *caña* (prononcez « cagna »). Très couleur des îles et se rapprochant de notre panaché, le *shandy* est un mélange de bière et de Schweppes citron.

L'immanquable *chupito* est le nom du petit verre de liqueur, offert souvent par la maison après le dîner.

Le café est normalement noir. *Con leche*, il est additionné de lait chaud. Le café *cortado* est un espresso coupé avec du lait froid. Le café *solo* est un café noir. Il peut être en *sobre* (en poudre) ou *de* maquina (espresso). Pour les décaféinés, il en va de même. El *carajillo*, version Baléares, ne change que par l'alcool, souvent local, qui est ajouté au café.

Habitudes alimentaires

Les horaires de repas. A Ibiza comme dans le reste de l'Espagne, les heures des repas s'étalent tout au long de la journée. Le soir, les restaurants se remplissent vers 22h, bien souvent les clients se seront retrouvés avant, devant un verre et des tapas, et commencent plus tard leur repas au restaurant.
Dîner au restaurant est fréquent, les Espagnols aiment manger dehors. Vous trouverez beaucoup de petits établissements très bon marché et fréquentés par des locaux. Quand ils choisissent de dîner chez eux, ils passent à table vers 21h et aiment se retrouver autour d'un verre pour finir la soirée entre amis.

Les tapas à Ibiza sont généralement présentées sous forme de rations, même si l'on trouve également des *montaditos* (sur du pain). Sur la carte des restaurants et bars à tapas, vous trouverez surtout des rations de poissons (poulpe, seiches, calamars, moules, etc.), des fritures (*patatas bravas*, beignets, croquettes de poulet ou de jambon, etc.), des charcuteries (*butifarra*, chorizo, assiettes de jambon), et enfin des fromages, que l'on sert également sous forme de rations, et que l'on accompagne de l'incontournable *pa amb tomata*. Depuis quelque temps, la mode du *pintxo* (tradition basque de tapas servies en toutes petites portions sur une tranche de pain, en général en libre-service sur le bar) fait des émules à Ibiza, si bien qu'on trouvera sans trop de difficulté, principalement dans le centre de Eivissa, une de ces petites cantines, économiques et tout à fait nourrissantes.

Recettes

Bullit de peix y Arroz a banda (pot-au-feu d'Ibiza et riz au fumet de poisson)

Dans une marmite remplie d'eau, mettre 8 pommes de terre épluchées et découpées, 150 g de haricots verts, une tomate, 4 gousses d'ail, du persil, un peu d'huile d'olive et de sel. Laisser bouillir 5 minutes puis ajouter 1 bon kilo de poissons de roche (mérou, rascasse...) taillés en épaisses darnes, laisser le tout mijoter pendant un bon quart d'heure.

Servir le poisson et les légumes sur un plateau. Conserver le bouillon pour le riz. Dans une poêle à paella tapissée d'huile d'olive, faire revenir une seiche avec une tomate, un poivron et 2 gousses d'ail. Incorporer ensuite 500 g de riz et le bouillon et laisser cuire à feu vif pendant 15 minutes.

Burrida de Ratjada (ragoût de raie)

Bien nettoyer la raie et la placer dans un plat afin de la faire mariner quelques heures avec du citron et du sel. Ensuite, rincer la raie sous l'eau froide et la faire bouillir dans une casserole avec peu d'eau. A mi-cuisson, changer l'eau. Ecraser deux gousses d'ail, un peu de biscottes, du persil et des amandes grillées. Y ajouter un œuf battu avec un filet d'huile d'olive. Répandre ce mélange sur la raie en fin de cuisson et terminer la cuisson à feu doux. Ce plat peut être accompagné de pommes de terre.

Sofrit pagès (potée paysanne)

Faire un bouillon avec un demi-poulet et 1/2 kg de mouton ou d'agneau et filtrez-le. Faire revenir dans une casserole 2 cuillères de saindoux ou d'huile d'olive avec quelques morceaux de lard. Ajouter 3 gousses d'ail entières, quelques morceaux de *sobrassada* (saucisse typique d'Ibiza), de *butifarra* (boudin noir) et quelques pommes de terre. Une fois que c'est cuit, ajouter 2 à 3 louches de bouillon, la viande coupée en morceaux, du sel, du poivre, du piment rouge et une pincée de cannelle et de safran. Finir la cuisson à feu doux.

Flaó (tarte de fromage typique)

Pour faire la pâte, mélanger 500 g de farine avec un peu d'eau, de l'huile et

© AL GONZALEZ- ISTOCKPHOTO.COM

La flaó, dessert traditionnel de l'île.

un verre d'anis. Etaler cette pâte dans un moule. Dans un plat, battre 4 œufs avec 500 g de fromage frais de brebis et 500 g de sucre. Ajouter quelques feuilles de menthe. Verser ce mélange sur la pâte et faire cuire pendant 45 minutes. Ce dessert se sert froid, saupoudré de sucre et vous pouvez y ajouter une feuille de menthe pour la décoration.

Greixonera (pudding des Baléares)

Faire bouillir 1 litre de lait avec un zeste de citron et quelques bâtons de cannelle, puis laisser refroidir. Dans un récipient, émietter 4 *ensaimadas* (brioche typique d'Ibiza) auxquelles il faut ajouter 6 œufs, 400 g de sucre de la cannelle en poudre, avant de battre le tout, d'y incorporer le lait et de bien mélanger. Verser le mélange dans un moule graissé au beurre et laisser au four pendant 45 minutes en gardant un œil sur la cuisson.

SPORTS ET LOISIRS

A Ibiza, les visiteurs n'ont pas le temps de s'ennuyer ! Un grand nombre de sports sont praticables dans des conditions optimales sur ce caillou idyllique, et pas seulement aquatiques ! Les événements et concours sportifs sont très nombreux et répartis sur toute la longueur de l'année. Mais pas besoin d'être un athlète pour les apprécier, il y en a pour tous les niveaux : randonnée ou cyclisme sur la terre ; kayak, stand-up paddle ou kitesurf... Sous l'eau aussi, le spectacle est au rendez-vous.

Sports nautiques

Ibiza est un paradis pour les amateurs de sports nautiques : voile, ski nautique, plongée sous-marine, scooters des mers, canoës, etc. Pratiquement toutes les écoles et tous les centres nautiques vous proposent des cours d'initiation (en individuel ou en groupe) ainsi que des forfaits à la semaine pour pratiquer la voile.

Plongée sous-marine

La visibilité est la plupart du temps très bonne et les nombreux spots qu'offre l'île assurent des découvertes variées, tant en termes de paysage que de faune marine.

Plusieurs sites valent le détour. On peut d'abord citer Cova de Ses Llegostes à Cala Gració. Ici, on descend dans une étonnante grotte calcaire marine et naturelle. L'eau de mer y pénètre

Cala Vadella.

LA FRONDE

L'usage de la fronde est une pratique très ancienne, connue depuis le VIIe siècle av. J.-C. Les frondeurs des Baléares eurent un rôle particulièrement important au moment des guerres puniques, auxquelles ils participèrent comme mercenaires. A cette époque, ils étaient célèbres dans le monde méditerranéen pour leur rapidité et leur talent à manier la fronde. Aujourd'hui encore, le tir à la fronde est pratiqué aux Baléares lors de compétitions.

créant une sorte de lac intérieur abritant de nombreuses espèces de poissons. A voir aussi, l'épave *Don Pedro*, au large du port d'Ibiza, El Caballo et ses deux arches superposées à 25 m avec mérous, murènes et corbs, ou l'îlot Llado Sud, une petite île rocheuse. A Santa Eulàlia, on observe de beaux tombants avec de nombreuses grottes, une faune abondante et même l'épave d'un navire hollandais. Sur l'Isla Tagomago, des failles abritent des murènes, des congres et mérous.

Enfin, il faudra aller promener ses palmes au nord-ouest de l'île Es Vedrà au Sec de la Bota, une montagne sous l'eau qui culmine à 2 m de la surface et une base à 35 m de fond. Les blocs rocheux abritent mostelles, mérous, congres, murènes et des barracudas qui veillent au grain. Le spot se trouvant au large, il est aussi apprécié par les thons et autres pélagiques.

Randonnée

Ibiza ne se borne pas à tirer seulement parti de la mer. En effet, la douceur de l'hiver, tout comme les températures agréables au printemps et en automne, permettent la randonnée à pied ou à vélo. Des itinéraires plus ou moins balisés (des projets sont actuellement à l'œuvre pour mettre en place une meilleure signalisation sur les différentes routes et sentiers de randonnées) permettent de parcourir l'île de long en large.

Equitation

Malgré l'impact touristique, Ibiza possède encore de nombreux lieux qui n'ont pas été touchés par le temps : des montagnes, des zones naturelles, des parcs naturels et des villages pleins de charme. La splendeur de ces sites, entre mer et montagne, peut être découverte à cheval.

La tradition équine est très forte à Ibiza et aux Baléares en général, et pratiquement toutes les stations balnéaires ont un centre équestre vous offrant la possibilité d'une randonnée à cheval, adaptée à votre niveau.

Vélo - VTT

Concernant les sorties à vélo, on trouve de nombreuses agences de location de matériel un peu partout sur le territoire, proposant du très bon matériel et prodiguant des conseils avisés. Possibilité de monter des excursions de plusieurs jours, avec étapes et repas préparés à l'avance.

ENFANTS DU PAYS

Des célébrités du monde entier, qu'elles viennent de la musique, du cinéma, des médias ou du sport, ont fait d'Ibiza un lieu de séjour régulier dès l'arrivée des beaux jours. La plupart des joueurs de football des plus grands clubs d'Europe y passent notamment leur été et des stars y ont même acheté une maison comme David Guetta ou James Blunt.

Erwin Bechtold

Né à Cologne en 1925, il a longtemps résidé à Ibiza. C'est l'un des plus célèbres peintres de l'île. En 1959, il fonde avec Erwin Broner le Groupe 59 qui réunit l'avant-garde occidentale : les Allemands Hans Laabs, Egon Neubauer ou Katja Meirowsky ; les Américains Robert W. Munford et Erwin Broner ; le Suédois Bertil Sjoeberg et les Espagnols Antonio Ruiz et Carlos Sansegundo. Il s'agit davantage d'une alliance que d'une école, chacun développant son propre style. Il a reçu le prix Ramon Llull en 2006. Il est décédé en 2022.

Antonio Colinas

Né en 1946, ce poète castillan, auteur de nombreux recueils de poésie et lauréat de plusieurs prix littéraires (prix de la Critique en 1975 et prix national de Littérature en 1982) a trouvé à Ibiza l'endroit idéal pour écrire et vivre simplement, hors de la mode. Ses poésies complètes, *El Rio de sombra*, ont été rééditées. Son ouvrage, *Rafael Alberti en Ibiza, Seis semanas del verano de 1936* a connu un grand succès à travers toute l'Espagne. Comme *En los prados sembrados de ojos*, sorti en 2020. Par ailleurs, il a été fait docteur honoris causa de l'université de Salamanque en 2023.

Olivia Molina

Olivia Molina, actrice au talent reconnu, s'est illustrée dans diverses productions marquantes, tant au cinéma qu'à la télévision. Elle a notamment brillé dans la série à succès *Amar es para siempre*, démontrant une grande polyvalence. Son rôle dans *Física o Química* a également marqué les esprits, révélant sa capacité à se glisser dans la peau de personnages complexes. En dehors de l'écran, Olivia est engagée dans des causes sociales, utilisant sa notoriété pour sensibiliser à des sujets importants. Chaque nouveau rôle est une preuve supplémentaire de son talent et de sa place méritée dans l'industrie du divertissement.

Vicente Ferrer Guasch

Né et décédé à Ibiza (1917-2008). Ce peintre originaire d'Ibiza est célèbre pour ses toiles pittoresques inspirées des paysages d'Ibiza. Les rues et les places de la Dalt Vila et les maisons et églises de la campagne d'Ibiza sont omniprésentes dans son œuvre.

Abel Matutes

Il est né à Ibiza en 1941. Banquier et homme politique, licencié en droit ainsi qu'en sciences économiques, il devient maire d'Ibiza en 1970 pour seulement deux ans (1970-1971). Il est élu deux fois sénateur d'Ibiza et de Formentera, poste qu'il assume de 1977 à 1982, avant de devenir, dans le cadre de la Communauté autonome des Baléares, député des Baléares (1982-1985). Sa carrière politique l'amène à quitter les îles pour le continent où il endosse la charge de haut-commissaire du gouvernement espagnol pour le Marché commun. Député européen, il devient en 1994 le représentant du PP (Parti populaire) au Parlement européen de Strasbourg. C'est en toute logique qu'il accède aux plus hautes sphères du pouvoir espagnol : le 5 mai 1996, il est nommé ministre des Affaires étrangères dans le gouvernement de José María Aznar. Il est maintenant retiré de la politique, mais a reçu le prix Otto von Habsburg en 2022 pour son rôle au sein de l'Union européenne, notamment pour son travail sur le projet de Constitution européenne.

Narcís Puget i Viñas

Natif d'Eivissa en 1874, le peintre Narcís Puget i Viñas est une des plus importantes figures du monde de la peinture à Ibiza. Après des études sur le continent, à l'Ecole des Beaux-Arts, il effectue de nombreuses copies d'œuvres conservées au Musée du Prado de Madrid, avec comme principaux modèles celles de Goya et de Velázquez. De retour à Ibiza, il s'intéresse à la photographie et après une période sans peindre, il ressort pinceaux et chevalet, entamant un nouveau chapitre artistique (et impressionniste) de sa vie, s'intéressant principalement à des scènes de vie quotidienne de l'île, ce qui confère à son œuvre une valeur quasi ethnographique. Il termine sa vie à Santa Eularia, dans l'est de l'île, où il meurt en 1960. Son fils, Narcís Puget Riquer (1916-1983), peintre d'inspiration impressionniste également fortement imprégnée de l'œuvre de son père, cède au gouvernement d'Ibiza ses propres créations et celles de son père, que l'on pourra admirer en se rendant au très bon musée Puget, installé dans Dalt Vila (Eivissa).

Isidoro Macabich

Né en 1883, cet intellectuel, grand connaisseur des coutumes et modes de vie de son île natale, est l'auteur d'une *Histoire d'Ibiza* (1966) en quatre volumes et d'un essai historique, *Corsaires ibiziens des XVIIIe et XIXe siècles* (1969). Très apprécié de tous, Monseigneur Macabich s'est éteint à Barcelone en 1973. Il affirmait qu'à Ibiza les classes sociales n'existent pas et que les Ibiziens sont fils de marins, de *pagès* (paysans) ou de putains.

Le port d'Ibiza et sa forteresse.

VISITE

IBIZA-EIVISSA

★★★

La ville d'Ibiza, en tant que chef-lieu de l'île, est celle qui centralise les divers bureaux du pouvoir public et qui concentre le plus grand nombre de services (restaurants, boutiques, transport, etc.). On y trouve également les discothèques et restaurants les plus prisés, les habitants venant des quatre coins de l'île n'hésitant pas à se rendre à Ibiza pour sortir et faire la fête. C'est également d'ici que l'on se rendra le plus facilement sur les autres îles de Baléares. En plein été, la ville a tendance à être littéralement assaillie d'une pléiade de touristes, rendant la circulation quelque peu pénible, tandis qu'en demi-saison, elle retrouve un visage agréable, invitant le badaud à flâner dans les ruelles de la Marina.

Fondée par les Carthaginois au VIIe siècle av. J.-C., puis successivement sous domination romaine, byzantine, arabe et catalane, la ville d'Ibiza conserve un riche patrimoine, hérité de ses divers occupants. Au sommet de la colline, Dalt Vila (la ville haute), construite presque en escalier, est entourée d'épaisses murailles Renaissance d'où émergent la cathédrale et le château et, un peu plus bas, l'église de Santo Domingo ainsi que de nombreuses maisons seigneuriales. C'est incontestablement le site le plus intéressant de l'île. Au pied de ces murailles se resserrent les anciens quartiers, peut-être les plus pittoresques, où les vieilles maisons blanches de pêcheurs semblent s'entasser de manière désordonnée et s'avancer sur le port. Plus l'on s'éloigne de Dalt Vila, plus les constructions sont récentes. Quelques bonnes adresses sont à découvrir dans la zone Marina Ibiza.

Entrée principale de la Dalt Vila.

LA VILLE D'IBIZA
Points d'intérêts
1 Cathédrale
2 Eglise de Santo Domingo
3 Eglise du Salvador
4 Casino
5 Musée Puig des Mollins
6 Cinémas
7 Château
8 Porte de "Las Tablas"
9 Obélisque des Corsaires
10 Office de tourisme
60 m
N
DALT VILA
LA MARINA
SA PENYA
PUIG DES MOLLINS
Port Ibiza Nueva
Marina Botafoch
Club Nautique
Ferry
Playa Figueretes
Police nationale
Poste
Bus
Marché
Eglise
Taxi
Avenida de Santa Eulalia
Passeig Juan Carles I
Avenida Ignacio Wallis
Avenida d'Espana
Avenida de la Pau
Vara de Rey
Passeig de Moli
Comte de Rosellon
Bartomé de Rosello
Deputat Josep Ribas
Carles III
Carles V
Gaspar Puig
Quadrado
Felip II
B. V. Ramon
Aragon
Punica
Via Romana
Bisbe Huix
José Clapes
Carrasco
Castella
Calle de Madrid
Riera
Vicent Nicolas
C. Fray
Abaad y Lasierra
Abad y Lasierra
Extremadura
Canarias
Isidor Macabich
Gonzalez Abarca
Vicent Serra
San Christofol
Cabrera
Gomez
Pére Frances
Place Fojarnes
J. Planelis
Joan Xico
Luis Salvador
C. del Archiduque
C. de Juan Ramon
Luici Oculaci
J. J. Verdaguer
C. de Al Sabini
Ramon Muntaner
Paseo Maritimo
Galicia
it d'Agost

OFFICE DE TOURISME – PORT D'IBIZA

Port d'Ibiza
✆ +34 971 301 900
www.ibiza.travel
info@ibiza.travel
Installée dans le port d'Eivissa, plus précisément sur la promenade de bord de mer du quartier de la Marina, une antenne touristique pilotée par le département de la promotion touristique d'Ibiza (émanation du Consell d'Eivissa, organe de décision politique au niveau à l'échelle de l'île) met cartes et autres documents utiles à disposition des visiteurs. De nombreuses idées à venir piocher ici et possibilité d'organiser des visites guidées à pied du vieux-centre d'Eivissa.

OFFICE DU TOURISME – CASA DE LA CURIA

Plaça de la Catedral
✆ +34 971 399 232
www.eivissa.es
informacioturistica@eivissa.es
Au sommet de Dalt Vila se trouve la Casa de la Cúria qui à l'époque médiévale abritait le palais de justice de l'île. Si son rez-de-chaussée est occupé par le centre d'information Madina Yasiba (Ibiza du

LES IMMANQUABLES D'IBIZA

- **Les fameuses plages et criques d'Ibiza.** Il serait dommage de vous priver de baignade sur une île ! La vie à Ibiza est principalement tournée vers le tourisme. Evidemment de nombreux sites sont intéressants à visiter. Si *sea, sex and sun* sont les mots-clés de votre séjour, vous serez bien étonné, surtout si vous n'avez entendu parler de l'île que pour sa vie nocturne...
- **La richesse architecturale d'Ibiza** se concentre dans sa capitale. La vieille ville, Dalt Vila, est une remarquable forteresse Renaissance campée sur une colline surplombant la mer. Ses ruelles, par contre, ont été foulées par les Phéniciens, les Carthaginois, les Romains et les Arabes. Elles sont de type méditerranéen, voire arabe.
- **Parmi toutes les discothèques de l'île, le Pacha est la plus connue.** Depuis l'ouverture de ses portes en 1966, aidée par le mouvement hippie, elle est devenue le symbole des soirées ibiziennes.
- **On ne saurait repartir d'Ibiza sans avoir assisté au célèbre coucher de soleil de Sant Antoni.** C'est une véritable cérémonie. Tous les soirs, les 4 ou 5 bars qui occupent le littoral sont bondés 2 à 3 heures avant la disparition de l'astre dans la mer. Au moment fatidique, ils jouent le même hymne, chacun retient son souffle et c'est toute la plage (plusieurs centaines de personnes) qui hurle et applaudit soudain quand le soleil n'est plus qu'une lueur.
- **Le marché hippie de Las Dalias (sant Carles)** est ouvert tous les samedis. Beaucoup plus authentique et moins touristique que celui d'Es Canar, il donne l'impression de se retrouver au cœur d'un village hippie au milieu des années 1960.

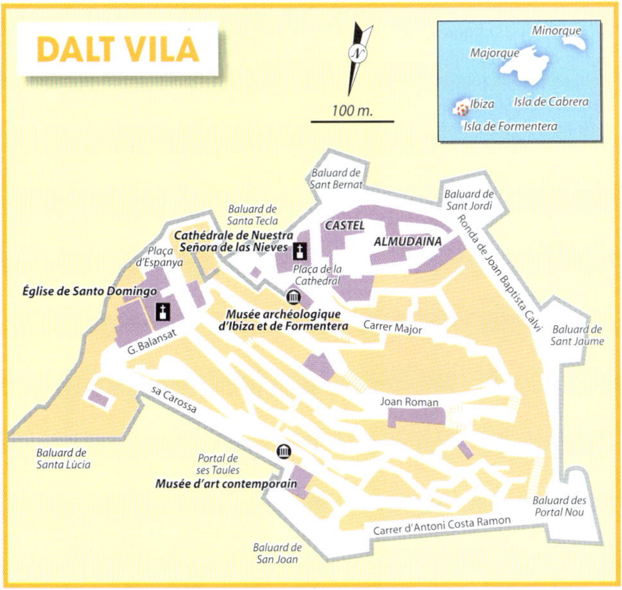

temps de l'occupation arabe), s'est installé au niveau supérieur l'office de tourisme de Dalt Vila. On y entre depuis la place de la cathédrale en franchissant une ancienne fenêtre (gothique tardif) surmontée des armoiries de la Couronne d'Aragon et une inscription datée de 1503.

QUARTIERS

La ville d'Ibiza se compose de plusieurs quartiers qui possèdent leurs propres particularités.

Vous reconnaîtrez aisément les limites de l'un ou de l'autre par l'architecture des maisons ou des immeubles, par la taille des rues ou même par l'allure des passants, en vous baladant dans la ville.

Marina et Dalt Vila ★★★

La Marina. Quartier situé entre les quais (d'où partent les bateaux pour Barcelone, Palma et Formentera) et la Dalt Vila. Ses constructions reflètent bien l'architecture de l'île : des maisons blanches avec de nombreux balcons, rues étroites…

C'est le quartier le plus fréquenté, il est agréable d'y flâner à toute heure, de jour comme de nuit. Il y a toujours quelque chose à voir… Un nombre impressionnant de magasins, de bars et de restaurants fait de cette zone urbaine un centre très vivant en hiver, qui explose en été. Avant 13h, la plupart des magasins sont fermés, et vous serez seul dans les rues. Préférez donc le début de la soirée, d'autant que les magasins restent ouverts très tard.

Sa Penya. Ainsi nommé car situé sur des rochers (*peña* en espagnol) un peu élevés qui avancent sur la mer, ce quartier gitan est peut-être le plus caractéristique de tous à cause de ses ruelles étroites et de ses nombreux escaliers et passages. Sa configuration ressemble beaucoup à Dalt Vila, même si les édifices y sont plus vieillis. Bien que le quartier ne soit pas particulièrement dangereux, évitez de vous y promener la nuit et faites très attention à vos affaires, comme dans tout quartier populaire.

Dalt Vila. C'est la partie haute de la ville, entourée de remparts datant du XVIe siècle formant une sorte d'heptagone. Véritable mémoire de la ville et déclaré patrimoine mondial par l'Unesco en 1999, ce quartier mérite l'ascension. Pour y accéder, l'entrée principale, le Portal de Ses Taules, est remarquable, surmontée d'armoiries impériales et encadrée de deux reproductions de statues romaines. A l'intérieur de Dalt Vila, promenez-vous au gré des petites ruelles labyrinthiques pour rejoindre la cathédrale, mais, à moins d'être habitué aux fortes chaleurs, évitez d'en entreprendre l'ascension en plein après-midi l'été. Allez-y pour admirer le coucher de soleil vers 21h et arrêtez-vous dans l'un des petits restaurants de ses ruelles. C'est que Dalt Vila abrite de très bons établissements et l'atmosphère est vraiment très différente de la ville basse.

Dalt Vila.

LA DALT VILA, PATRIMOINE MONDIAL DE L'UNESCO

Pour rejoindre la Dalt Vila (la ville haute), fascinante acropole classée au patrimoine mondial de l'Unesco, on préférera le début de soirée pour éviter le soleil de plomb estival. Située sur un flan du promontoire qui domine le port et la marina, la ville haute est la mémoire visible d'Eivissa. Entourée d'une muraille heptagonale construite au XVIe siècle pour protéger la ville des attaques pirates, elle est le cœur historique d'Eivissa. Plusieurs accès permettent de la rejoindre, dont la remarquable porte de Ses Taules, flanquée de deux statues romaines, qui conduit dans la cour d'armes. C'est ici que se trouve le musée d'Art contemporain, installé dans un édifice du XVIIIe siècle, qui présente les œuvres des enfants du pays ou des artistes qui ont été inspirés par l'île. En poursuivant dans le labyrinthe de maisons blanchies à la chaux, on découvre le musée Puget qui abrite une collection de peintures bucoliques, témoignant du passé rural et traditionnel d'Ibiza. Au bout du Carrer Major, le centre d'interprétation Madina Yabisa explore les mystères de l'Ibiza musulmane. La montée s'achève sur la place de la Cathédrale, où se trouvent également le château de l'Almudaina – qui deviendra prochainement le premier Parador des îles Baléares –, le Palais épiscopal et le Musée archéologique. Cet écrin historique offre en prime un superbe panorama, baigné d'une aura mystique au moment du coucher du soleil, lorsque l'horizon se teinte d'un voile rouge.

Eixample et Ses Figueretes ★

Eixample. Presque au pied des murailles, proche des rues du port et de l'ancien marché, le Passeig de s'Alameda (actuellement Passeig de Vara del Rey) relie les anciens quartiers touristiques à la ville commerciale et administrative. Le Passeig de Vara del Rey, une place rectangulaire pleine de charme, est le véritable noyau de la ville.
Un monument dédié au général Joaquim Vara del Rey remonte à 1904, à caractère épique et plutôt néoclassique. Il est l'œuvre de l'architecte Agustí Font et le sculpteur Eduard Alentorn. Cette place est toujours animée et incontournable l'été, d'autant plus que depuis 2017, elle a été transformée en espace réservé aux piétons. Elle est le théâtre de beaucoup de cérémonies, de commémorations et de nombreuses représentations populaires. Elle donne accès à la Plaça del Parc, une petite place carrée piétonne, devenue un lieu de rendez-vous. C'est une place calme et ensoleillée, fréquentée par des gens de tous âges. El Parc Reina Sofía, au pied des murailles en montant, accueille fréquemment des concerts populaires, fêtes et autres célébrations.

Figueretes. A 1,2 km au sud du centre-ville d'Ibiza. Il est délimité par le Carrer Juan Ramón Jimenez, par l'Avinguda d'Espanya jusqu'au McDonald's et par la mer. De construction récente et s'agrandissant sans cesse, il reste très animé toute l'année. C'est un quartier très vivant et populaire. De nombreux bars, terrasses, hôtels et appartements assurent une activité encore plus intense en été. Le Passeig Marítim, qui serpente le long de la mer et de la plage de Figueretes, vous propose une promenade agréable le soir. Il est bordé de bars et restaurants fréquentés par les touristes, mais dîner en face de la mer, quel bonheur ! Le long de ce *paseo* piétonnier, des marchands prennent place et vous proposent leurs produits.

Paseo Marítimo et Talamanca ★

Par l'Avinguda de Santa Eulàlia, qui longe le Passeig Marítim, vous arrivez au quartier d'Ibiza-Nueva. Situé face à la Dalt Vila, au nord de la ville, il s'étend jusqu'au cap Botafoch, avec un beau port de plaisance et des constructions récentes, sur un nouveau Passeig Marítim où la promenade est très agréable. Ici se regroupent le casino, les fameuses discothèques comme le Pacha.

C'est le quartier le plus chic, surtout à cause des boutiques de luxe qui s'y sont installées, aux abords des bateaux privés, ainsi qu'un des coins les plus chers pour aller en terrasse profiter de la belle vue de Dalt Vila. Si vous voulez profiter d'une vue imprenable, mais sans être particulièrement au calme, il y a une navette au départ de la marina, face à l'office de tourisme, à gauche de l'Estació Marítima, qui vous mène à Botafoch.

Juste derrière, Talamanca est devenue la plage d'Ibiza. Longue et pas très large, elle est en dehors de la ville derrière les marais. Plusieurs restaurants et hôtels s'y sont installés. Une option à considérer pour qui veut résider en bord de plage, non loin de la ville.

A VOIR - A FAIRE

Outre son ambiance festive, ses innombrables terrasses de charme et ses très bons restaurants, la capitale de l'île abrite quelques points d'intérêt qui donneront satisfaction aux mordus d'histoire, d'art et d'architecture, mais aussi aux curieux de tous poils. C'est à n'en point douter la vieille ville fortifiée – Dalt Vila – qui abrite la plus grande concentration de points d'intérêt culturels.

Le mieux est peut-être encore de suivre une visite guidée à travers les ruelles et passages de la Marina, de Sa Penya et de Dalt Vila, trois quartiers constituant un véritable musée à ciel ouvert, tout en prenant note des musées et centres culturels qui vous plaisent pour y revenir ensuite, rien n'étant jamais très loin à Eivissa.

Au nombre des attractions phares de la ville, signalons la cathédrale et le château, mais aussi le MACE pour qui apprécie l'art contemporain, et le musée Puget, pour les amateurs d'impressionnisme.

LE TOP 10 DES PLAGES D'IBIZA

Vous vous apercevrez rapidement si vous louez une voiture que l'île est propice au vagabondage, rien de plus agréable que de trouver « par hasard » un petit coin de paradis, mais vous ne nous en voudrez pas de vouloir vous aider !

Cala Benirrás (au nord). De loin la plage la plus mystique de l'île. Elle est assez grande, mais pas immense, l'eau devient vite profonde. Une fois que vous aurez fait quelques brasses, retournez-vous : on se croirait éloigné de toute civilisation en contemplant cette petite colline bordée d'une végétation assez dense : un petit coin de paradis ! En face, l'îlot Cap Bernat avec son allure hypnotique lors du coucher du soleil.

Cala Portinatx (au nord). Portinatx est en fait une succession de trois petites plages : S'Arenal Petit, S'Arenal Grand (la plus grande) et la petite plage du port. La profondeur augmente régulièrement, ce qui en fait une station balnéaire idéale pour les grands qui veulent nager, tout comme pour les petits qui resteront là où ils ont pied.

Cala San Vicente (au nord). Longue plage où les vagues peuvent parfois se déchaîner de manière impressionnante. Par temps calme, l'eau est limpide, et la descente vers les profondeurs régulière.

Aguas Blancas (à l'est). Au pied d'une grande falaise, cette plage est certainement la préférée des naturistes. La succession de plusieurs petites plages, qui se séparent à marée haute et se rejoignent à marée basse, facilite la tranquillité. En revanche, allez-y de préférence le matin, car l'après-midi les falaises cachent le soleil.

Cala Llonga (à l'est). Eau transparente et d'un bleu envoûtant. Peu de profondeur : idéal pour des familles avec enfants en bas âge.

Ses Salinas (au sud). Voici la « plage des people ». Etre vu et surtout se faire voir, pourquoi pas, surtout si c'est sur une plage aussi agréable : sable fin sur plusieurs kilomètres, eau magnifique avec une profondeur variable mais qui reste faible.

Cala Jondal (au sud). Entourée de rocher, un peu de sable rapporté. Un paysage magnifique, et le soir de lamusique live qui arrive des quelques chiringuitos installés en bordure.

Cala d'Hort (au sud). Cette crique n'aurait pas autant de mystère sans le fameux rocher d'Es Vedra qui envahit-magnifiquement son paysage à quelques centaines de mètres. Mélange de sable et de galets sur la plage, l'eau devient rapidement profonde.

Cala d'En sardina (à l'ouest). D'une beauté sauvage et inhospitalière, la cala d'En Sardina est difficile d'accès. Pour les amateurs de marche, voici votre paradis...

Cala Conta (à l'ouest). Une des plus belles plages d'Ibiza, sa mer et ses couleurs bleues et turquoise et son-sable, presque aussi blanc que celui des maisons.

ART PROJECTS IBIZA

C/ Alcalde Bartomeu Rosello
✆ +34 691 01 69 20
office@artprojectsibiza.com

Travaillant en partenariat avec Lune Rouge, une collection d'art privée, le projet nommé Art Projects Ibiza cherche à promouvoir et dynamiser le monde de l'art, tant local qu'international. L'hiver, l'espace d'exposition est dédié à une sélection choisie de la collection de Lune Rouge ; l'été, il est investi par les travaux d'artistes en suivant des thèmes variés. D'année en année, le Art Projects Ibiza gagne en prestige. Une affaire à suivre de près pour les amateurs d'art. Deux autres lieux dédiés à l'art juste à côté : Lune Rouge et Hangar8289.

BARCAS DE TALAMANCA – PORT D'IBIZA

✆ +34 659 995 169
www.barcasdetalamanca.com

Idéalement situés en face de la Dalt Vila, les quais de la Marina Botafoch permettent d'apprécier la ville haute dans son ensemble, de jour comme de nuit. Pour rejoindre la luxueuse Marina Botafoch (située dans la zone du Paseo Marítimo) au départ des vieux quartiers de La Marina (dans le centre-ville, avec Dalt Vila dans votre dos), il suffit de longer les quais, à pied, pendant une petite demi-heure. Agréable, surtout en soirée pendant l'été, quand les bars s'animent.

CATHÉDRALE D'IBIZA ★

Plaça de la Catedral, 1
✆ +34 971 312 773
www.obispadodeibiza.es

Bâtie peu après la reconquête catalane, à partir du XIIIe siècle, la Catedral de Ibiza, dédiée à la Vierge Marie et à Notre-Dame-des-Neiges, patronne d'Ibiza, occupe le site d'une ancienne mosquée arabe nommée Yebisah. L'abside et le clocher, de style gothique catalan, datent du XIVe siècle, tandis que l'intérieur a été entièrement remodelé dans le style baroque au XVIIIe siècle. De conception sobre et robuste (c'est l'édifice sacré le plus imposant de l'île), elle occupe le sommet

Cathédrale de Nuestra Señora de las Nieves.

Balade dans les rues d'Ibiza.

de la Dalt Vila, aux côtés du château. Son emplacement vaut à lui seul une visite.

CENTRE D'INTERPRÉTATION MADINA YABISA

Carrer Major, 2
✆ +34 971 392 390
Le Centre d'interprétation Madina Yabisa occupe une partie du bâtiment de la Casa de la Cúria, situé dans l'acropole de Dalt Vila. Construit en épousant les structures de l'ancienne muraille andalouse, ce petit musée propose une plongée dans l'époque de la domination musulmane à Ibiza : à grand renfort de maquettes, vestiges archéologiques et installations audiovisuels, on découvre ce que fut il y a plus d'un siècle la vieille-ville d'Eivissa. Instructif et ludique.

CHÂTEAU DE DALT VILA ★

Plaça de la Catedral, s/n
Situé au sommet du promontoire de la Dalt Vila, le robuste château d'Ibiza veille sur le littoral. Depuis le XVIIIe siècle, il est relié à l'Almudaina, après la démolition du pan de muraille et de la tour qui séparaient les deux constructions. L'Almudaina était à l'origine le siège du pouvoir arabe, avant d'être utilisé comme caserne militaire jusque dans les années 1980. Actuellement, cette enceinte fortifiée est l'objet d'une restauration pour être transformée en Parador. Il semblerait que l'hôtel devrait être prêt pour 2024.

ÉGLISE DE SANTO DOMINGO

Carrer General Balansat, 6
www.obispadodeibiza.es
L'église, érigée au XVIe siècle sur un site privilégié à l'extrémité des murailles, a été reconstruite au XVIIe siècle. Une silhouette très particulière et originale pour l'île, un tracé baroque représentatif du style ibizien de l'époque, elle dispose d'une nef et de onze chapelles latérales. L'ancien couvent de l'ordre des Dominicains – ces derniers y trouvèrent refuge en 1587 suite aux attaques des pirates –, accolé à la chapelle, abrite à présent les bureaux de l'hôtel de ville. La fête paroissiale a lieu le 29 juin, jour de la Saint-Pierre.

MONUMENT HOMMAGE AU MOUVEMENT HIPPIE

Carrer Lluis Tur i Palau

Depuis l'été 2016, on peut observer sur la balade piétonne de la Marina d'Ibiza, au niveau de l'intersection de la carrer Lluis Tur i Palau et de la carrer Guillem de Montgrí, une statue de bronze installée ici en hommage au mouvement hippie qui anima l'île dans les années 1960 et au début des années 1970. Le sculpteur catalan Ció Abellí en est l'auteur : l'œuvre est une transposition en 3 dimensions d'une célèbre image prise en 1972 dans un parc d'Amsterdam par le photographe Toni Riera représentant un père aux cheveux longs vêtus de fripes hippies échangeant un regard complice avec sa petite fille, pareillement accoutrée. L'artiste a choisi cette image en raison de la dimension iconique de l'île qu'elle est venue à occuper au fil des ans. Dès le début du mouvement hippie, de nombreux « peluts » (« chevelus », c'est ainsi que les habitants de l'île nommaient ces nouveaux arrivants, en raison de leurs chevelues généreuses) ont en effet trouvé à Ibiza un parfum de terre promise, où la possibilité d'une société libertaire et proche de la nature semblait accessible. Le Flower Power a de fait été le mot d'ordre à la fin des années 1960 et au début des années 1970, aussi bien à Ibiza qu'à Formentera. Aux pieds des deux personnages, on trouve une carte du monde où sont mises en avant les villes qui furent jadis des hauts lieux du mouvement : San Francisco, Amsterdam, Kathmandu, Goa et Ibiza. L'œuvre est une donation du fondateur du Pacha, Ricardo Urgell.

Monument hommage au mouvement hippie.

MUSEU ARQUEOLÒGIC D'EIVISSA I FORMENTERA

✆ +34 971 301 771

www.maef.es

Ce musée retrace 3 000 ans d'histoire dans les Pitiüses, des premiers habitants des îles jusqu'à la conquête catalane de 1235. La plupart des objets exposés – vestiges de l'époque punique – proviennent des fouilles effectuées à Ibiza. A deux pas, on trouve la nécropole et le musée de Puig des Molins, proposant un « voyage vers la mort dans l'ancienne Ibiza » (dixit le directeur). Un véritable questionnement sur la nature mortelle de l'homme. Métaphysique.

MUSEU CASA BRONER

Carreró l'Estrella, 3

✆ +34 971 310 644

Construite par l'architecte et peintre allemand Erwin Broner en 1959, la Casa Broner est installée sur la pointe de La Marina, face à la mer, dans

© ANA DEL CASTILLO – SHUTTERSTOCK.COM

Museu d'Art Contemporani d'Eivissa (MACE).

le quartier de Sa Penya. Offerte par la veuve de l'architecte à la mairie d'Ibiza, cette sensationnelle demeure a été classée bien d'intérêt culturel en 2000 et a été entièrement rénovée. Elle présente toutes les caractéristiques de l'architecture rationaliste. Depuis l'été 2010, des visites guidées sont organisées pour le public. Une visite passionnante pour les amoureux d'architecture.

MUSEU D'ART CONTEMPORANI D'EIVISSA (MACE) ★

Ronda Narcís Puget
✆ +34 971 302 723
www.Ibiza.es/mace
mac@eivissa.es

Inauguré en 1969 dans un bâtiment du XVIIIe siècle situé à l'intérieur du bastion de Sant Joan auquel une annexe aux lignes avant-gardiste a été adjointe, le MACE dispose d'une collection permanente réuinssant divers artistes et supports, parmi lesquels une série de gravures japonaises, une collection d'affiches des années 1970 provenant de la galerie Carl Van der Voort, les dessins de « Portmany », des œuvres vidéo et une section dédiée à la photographie.

MUSEU PUGET

Carrer Major, 18
✆ +34 971 392 137

Installé dans le splendide palais de Can Comasema, ce musée expose les œuvres de Narcís Puget Viñas (1874-1960), un passionné de l'impressionnisme, et de son fils Narcís Puget Riquer (1916-1983). On découvre des toiles consacrées à la vie rurale d'Ibiza, aux coutumes de l'île, à ses paysages... Egalement une belle série d'aquarelles dédiées à Dalt Vila et La Marina. Un musée qui mobilise à la fois le sens esthétique des visiteurs et qui donne à voir des scènes de vie authentiques, quasi ethnographiques, de la vie d'Ibiza au début du siècle passé.

NÉCROPOLE ET MUSÉE DE PUIG DES MOLINS ★★

Via Romana, 31
✆ +34 971 301 771
www.maef.es

L'histoire de cette nécropole ne date pas d'hier ! C'est en effet cette colline que les Phéniciens choisirent vers le VIIe siècle av. J.-C pour enterrer leurs morts. Colline qui tire son nom des moulins (*molins* en catalan) qui se dressent à son sommet depuis le XIVe siècle. Ce n'est que lors de la campagne archéologique démarrée en 1903 que l'on a été en mesure d'excaver une considérable quantité de matériaux phéniciens, puniques et romains. S'étalant sur un total de pas loin de 5 hectares, cette nécropole est la nécropole phénicienne-punique la plus vaste et la mieux conservée du bassin méditerranéen occidental. Inscrite au Patrimoine mondial de l'Humanité de l'UNESCO depuis 1999, elle est sans conteste le site archéologique le plus important des îles Pityuses, et constitue un point de repère essentiel pour les chercheurs : en étudiant architecture et éléments antiques, ils devraient être en mesure de reconstruire l'histoire de la ville et de l'île. Après d'importants travaux de rénovation, le musée de Puig des Molins a rouvert ses portes en 2013. La visite s'organise en deux temps. D'une part, le musée archéologique qui expose de véritables trésors phéniciens et puniques, notamment le célèbre buste de la déesse Tanit, qui par chance n'a pas été emporté par les pilleurs de tombes et autres chasseurs de trésors des siècles passés. D'autre part, on pourra visiter la nécropole de Puig des Molins elle-même. Une escale hautement instructive !

Nécropole et Musée de Puig des Molins.

PHARE DE BOTAFOC

Une idée de balade pour les plus courageux. Après Marina Botafoch et plus loin que l'hôtel Corso, entre les petites villas, vous arriverez à la petite crique de S'Illa Plana, plutôt tranquille le soir, et vous poursuivrez jusqu'au phare qui vous offre l'une des plus belles perspectives sur la vieille ville et ses murailles. Entré en service à l'automne 1861, il est l'un des rares phares à disposer de maisons de gardiens sur deux étages, en raison du manque d'espace sur l'îlot. Le phare de Botafoc émet une lumière toutes les cinq secondes.

QUARTIER DE LA MARINA

La Marina (qui a fait l'objet de restaurations en 2016) propose au visiteur une promenade très agréable. Une sculpture en bronze représentant un père hippie et son enfant, inspirée d'une célèbre photographie de Toni Riera de 1967, y a d'ailleurs été installée en 2016 également. C'est un quartier commerçant rempli de boutiques, de restaurants, de bars musicaux qui déversent leurs décibels et de toutes sortes d'étalages proposant des bijoux en tout genre. Indispensable pour ressentir l'ambiance d'Ibiza. Le quartier est vivant jusque très tard dans la nuit.

SE RESTAURER

BAR 1805

C/ Santa Llùcia, 7 ✆ +34 651 625 972
www.bar1805ibiza.com
info@bar1805ibiza.com

Petite cantine française du soir tenue par l'inspiré barman Charles et sa joie de vivre communicative, le bar 1805 est installé sur une placette du pittoresque quartier de Sa Penya. Au menu : des spécialités hexagonales maîtrisées comme le croque-monsieur, la salade de chèvre, l'entrecôte et bien sûr les moules-frites (maison !) qui ont fait en partie la réputation du lieu. L'autre partie vient sans doute des talents de maître *ès* cocktails de l'homme avec en vedette le *Green Beast*, à base d'absinthe, de citron vert et de concombre.

BEBEL IBIZA

Carrer de Jaume I, 4
✆ +34 633 500 462
http://bebelibiza.com/
info@bebelibiza.com

Installé au pied de la citadelle, au bout d'une petite et antique rue, le Bebel est un restaurant italien qui a ouvert ses portes en 2018 dans l'ancien local du très célèbre restaurant de poissons Romolo al porto, ouvert lui depuis 1968. Côté assiette, on a affaire à quelque chose qui s'approche de la cuisine gastronomique, fidèle à celle du Romolo : du poisson avant tout ! Ici, c'est la qualité des produits qui prime ! Passés entre les mains du chef cuistot, ils se déclinent en plats préparés ou en tapas de poissons crus. Pâtes et desserts maison excellents !

BIDEBIDE

C/ Felipe II, 13
✆ +34 971 312 680

Grand classique, le Bidebide est un restaurant de cuisine basque à l'ambiance de cantine, où l'on mange assis ou bien debout. Sur le bar est alignée toute une variété de *pintxos* (petite tranche de pain surmonté de nourriture) que l'on pioche soi-même en mettant les bâtonnets de côté qui permettront ensuite de payer son dû. Quelques bons vins, des cocktails tout simples (les gin tonics sont très réussis). Une adresse économique et chaleureuse dont on ressort le ventre bien rempli. Une bonne option à toute heure de la journée !

CA N'ALFREDO

Passeig de Vara del Rey, 16
✆ +34 971 311 274
www.canalfredo.com
info@canalfredo.com

Fondé en 1934, le restaurant Ca N'Alfredo est une institution de la ville qui propose une cuisine typique d'Ibiza comme le *Guisado de pescado* ou le *Cuinat* (typique de la *Semana Santa*), d'excellentes soupes mais aussi de bonnes paellas, du poisson frais et des desserts faits maison. Le propriétaire, Alfredo, est souvent là pour surveiller la qualité du service. Vous y trouverez une carte fournie de vins des îles et de la péninsule (une centaine) qui pourront accompagner vos plats. Une bonne adresse pour goûter aux saveurs traditionnelles d'Ibiza.

CHAMBAO

Camí ses Feixes, 52
Nobu Hotel Ibiza Bay
✆ +34 971 192 222
www.nobuhotelibizabay.com

Avec ses quelques tables de bois rustiques fichées dans le sable, le Chambao fait le coin de l'hôtel de luxe Nobu. Donnant sur la plage de la Talamanca, on viendra ici pour se repaître de quelques spécialités méditerranéennes extrêmement bien préparées, à l'image de la saine et délicieuse salade de homard relevée d'arômes citriques. Les poissons du jour accompagnés de petits légumes grillés sont non moins ébouriffants : daurade, bar ou saint-pierre. A moins qu'on ne préfère une paella valencienne ! Les desserts maison finiront de satisfaire les becs sucrés.

LA DISPENSA

Carrer de la Santa Creu, 10
✆ +34 971 124 365
www.ladispensaibiza.com

Impossible de manquer la Dispensa dans les ruelles charmantes de Dalt Vila : ses petites tables garnissent *carrer de la Santa Creu*. Un soin particulier est apporté aux détails, aussi bien dans l'antique épicerie que dans les trois salles à l'atmosphère vintage-chic que l'on trouve de l'autre côté de la rue. Si l'une d'entre elles abrite l'atelier d'un maître-sushi plus que rodé à l'art du poisson cru, c'est avant tout la cuisine italienne qui est ici à l'honneur. Les ingrédients, triés sur le volet, sont arrangés en de copieuses assiettes méditerranéennes.

ES MIRADOR

Plaça d'Espanya, 4
✆ +34 97 130 30 45
www.hotelmiradoribiza.com
info@hotelmiradoribiza.com

Es Mirador, un restaurant implanté à Ibiza, vous propose de vivre une expérience gastronomique raffinée avec une cuisine méditerranéenne avant-gardiste. Situé à l'hôtel Mirador de Dalt Vil, il met en valeur les délices gastronomiques de l'île. La gastronomie occupe une place prépondérante dans l'attrait d'Ibiza, et ce restaurant vous permet de savourer ses saveurs vibrantes. Plongez dans une symphonie de saveurs et laissez-vous tenter par les merveilles culinaires d'Ibiza.

ES TAP NOU

C/ de Madrid, 18
✆ +34 971 399 841

Es Tap Nou est une adresse bien connue des locaux, où l'on se rend à toute heure de la journée pour une courte escale réparatrice en toute simplicité ! Maraîchers avant d'être restaurateurs, les tenanciers du lieu tiennent une boutique de fruits et légumes locaux et frais à laquelle ils ont ajouté une volée de tables en terrasse, proposant d'aussi copieuses que très bonnes salades, de solides tartines (fromage de chèvre notamment !), mais aussi de superbes *batidos* (jus) de fruits variés (à l'ardoise, le jus du jour). Tout est bon, sain, et pas cher !

FORMENTERA

Plaça de la Tertulia, 5
✆ +34 971 578 664
www.restaurantformentera.com
info@restaurantformentera.com

Le Formentera, ouvert en 1939 par un habitant de l'île – Joan Tur Ramis – était jadis fréquenté par les pêcheurs de la ville car installé face à la marina, c'est la même famille qui a tenu cette *fonda* jusqu'en 2011, date à laquelle l'historique auberge a fait peau neuve. Le décor n'en est pas moins demeuré des plus rustiques et la cuisine toujours aussi traditionnelle avec en plats vedettes de superbes *arroces* et *paellas*. Poissons et viandes, petits légumes et aïoli, le tout servi en terrasse, face aux passants. Typique, mais pas forcément peu cher...

GRAN HOTEL MONTESOL
Passeig de Vara de Rey, 2
✆ +34 871 515 049
www.granhotelmontesolibiza.com
reservation@montesolexperimental.com
Le restaurant du Gran Hotel Montesol allie une décoration coloniale à des touches plus modernes avec ses peintures sur céramiques incrustées dans les murs. La partie *lounge* avec ses élégants canapés bas se prête parfaitement à un apéritif, tandis que la partie restaurant se veut plus intime. Au menu, des plats typiques de la chaîne basque Sagardi : pintxos, chuletón et autres spécialités de nord-ouest de l'Espagne. Une belle et jeune adresse, ouverte également aux non-résidents. Notons également l'existence d'un rooftop-bar, ouvert en été jusqu'à 3h du matin.

GUILLEMIS
Calle Enmig, 15
✆ +34 971 124 432
www.guillemis.com
guillemis_rest@gmail.com
Situé dans la Marina, au cœur du port d'Ibiza, le restaurant Can Guillemis propose une excellente cuisine méditerranéenne, où prime avant toute chose la qualité des produits, sans oublier d'apporter un soin particulier à la présentation. En plus des très bons milkshakes et jus de fruits frais, on déguste les grands classiques de la cuisine espagnole – arroz, paella et toute une gamme de tapas créatives – mais aussi des salades, de la très bonne charcuterie et des plats de poisson et viandes. Tarifs très honnêtes et service amical.

HOSTAL LA VENTANA
Sa Carrosa, 13
✆ +34 971 303 537
www.laventanaibiza.com
info@laventanaibiza.com
Le restaurant de l'hôtel du même nom, installé à l'intérieur des fortifications de Dalt Vila, en première ligne, est une option recommandable – mais pas peu chère ! – pour qui veut profiter du vieux-centre dans un climat calme et détendu. On y sert une cuisine méditerranéenne très réussie, à base de viandes et poissons. Les petits déjeuners y sont excellents. Matin, midi et soir, on apprécie son atmosphère cosy et intimiste, dans la jolie salle de service et depuis la grande terrasse avec vue sur le petit parc juste en face. Service des plus sympathiques.

HOTEL MIRADOR DE DALT VILA
Plaça d'Espanya, 4
✆ +34 971 303 045
www.hotelmiradoribiza.com
info@hotelmiradoribiza.com
C'est au rez-de-chaussée du somptueux hôtel Relais & Châteaux du Mirador de Dalt Vila que l'on trouve cette adresse assez exceptionnelle. De par sa configuration courte et rectangulaire autant que pour son mobilier sobre et élégant, la salle de service a des airs de wagons de l'Orient-Express qui serait restait garé sous le soleil méditerranéen : les murs d'un blanc aussi impeccable que celui des nappes sont garnis de tableaux *ibicenco* aux dimensions impressionnantes.

Côté assiette, tout est absolument délicieux et, de l'entrée au dessert, on est saisi par la solide maîtrise du chef espagnol usant de produits locaux de qualité pour élaborer des plats certes classiques, mais ne manquant pas d'inventivité tant dans la présentation que dans les agréments. Les vins au menu sont parfaitement adaptés aux plats et le service est tout ce qu'il y a de plus professionnel sans oublier d'être souriant. Une adresse qui flirte avec la gastronomie, pour des tarifs somme toute très honnêtes. Une belle table comme on en trouve peu sur l'île. Menu dégustation hautement recommandé.

IL DEK – ITALIAN BISTROT

Calle De Antonio Palau, 1
✆ +34 871 035 173
www.decanteristorante.es
info@decanteristorante.es
Situé au pied du passage menant à l'entrée de Dalt Vila, Il Dek est une adresse italienne *trendy* avec aux fourneaux le chef étoilé Andrea Alimenti. Plats italiens typiques (les pizzas sont très bonnes et la focaccia au poulpe en séduira plus d'un), mais aussi quelques recettes fusion originales et des propositions de poisson cru de sushi-bar, à déguster matin, midi et soir, accompagné d'un jus de fruits, d'un café ou d'un cocktail. Ce n'est pas forcément donné, mais le cadre et la nourriture en valent la peine. Pensez à réserver en saison.

IZAKAYA IBIZA

Passeig Joan Carles, 1
✆ +34 871 182 526
www.izakaya-restaurant.com/ibiza
info@izakaya-ibiza.com
Le très *classy* resto-grill japonais Izakaya se trouve au rez-de-chaussée du flamboyant Sir Joan hotel. On peut y savourer, attablé autour du joli bar, en salle ou bien sur la terrasse entourant la piscine dans le jardin, une incroyable variété de préparations nippones, crues ou cuites : tempuras, sashimis, sushis de wagyu et autres makis, tout y est préparé selon les recettes traditionnelles ou revisitées avec inventivité. Cadre somptueux, saveurs exquises, service pro. Surveillez la note tout de même, elle a tendance à grimper sans que l'on s'en aperçoive !

LOCALS ONLY IBIZA

Plaça del parque, 5
✆ +34 971 301 997
www.localsonlyibiza.com
info@localsonlyibiza.com
« *Think globally, eat locally* » peut-on lire sur la devanture du Locals Only, un petit restaurant inspiré des *osteria* italiennes, installé sur l'animée Plaça del Parque. Le patron Tito Piazza gère d'une main de maître son bataillon de serveurs qui virevoltent entre la jolie terrasse illuminée de chandelles ou dans la salle de service tamisée. Au menu, des plats simples et très bons élaborés à partir de produits locaux, mais aussi quelques petites douceurs venues d'autres coins de la Méditerranée. Ambiance très agréable. Vins espagnols et italiens.

LYDIA'S SMOKEHOUSE

Carrer de Joan d'Àustria, 16
✆ +34 971 070 639
www.lydiassmokehouse.com
info@lydiassmokehouse.com
Cette toute nouvelle adresse ravira les amateurs de viande fumée au bois ! Encore jamais vu sur l'île, on a affaire ici à un véritable *dinner* à l'américaine : décor de bois grinçant illuminé de néons, bières en fût derrière le zinc et... hamburgers bien sûr ! Mais attention, les hamburgers sont considérés ici comme

un produit gastronomique, et l'équilibre entre saveurs et textures est respecté. 7 versions sont au menu, sans parler des ribs, wraps, hot-dogs et autres tacos... Une adresse en ville, un autre en bord de route, un peu avant Sant Llorenç.

SA NANSA

Avenida 8 d'Agost, 27
✆ +34 971 318 750
www.restaurantesanansa.com
sanansa@restaurantesanansa.com
Une adresse élégante, spécialiste de la cuisine *ibicenca* de mer. La déco elle-même invite à l'évasion marine, soutenue par de douces notes de jazz en fond sonore, tandis que le chef Pedro Tur s'active en cuisine. Véritable gardien des traditions culinaires de l'île, il se fera un plaisir de vous orienter parmi les nombreuses propositions à la carte : *arroces* (riz) et *fideuas* (nouilles), *bullit de peix* ou *borrida de ratjada*... On pourra accompagner tous ces solides plats de très bons vins. Nous recommandons le plat phare du lieu : le Sa Nansa. *Bona apetit !*

EMPLETTES

LA CANELA

Carrer d'Aragó, 54
✆ +34 971 305 040
www.lacanelaibiza.com
La Canela est une boulangerie réputée qui a ouvert ses portes il y a plus de trente ans sur l'île (en 1986 exactement) où vous trouverez des spécialités locales : *ensaimadas, flaó, greixonera, orelletes,* et bien d'autres douceurs sucrées encore. L'échoppe constitue également une bonne option en cas de petit creux, puisque vous y trouverez une grande variété de quiches, *coques* (la pizza catalane) et *empanadas*. Tout est fait avec passion par des boulangers-pâtissiers méticuleux, le jour même, et le choix des ingrédients n'est pas laissé au hasard.

EL PALADAR – JAMONERÍA & DELICATESSEN

Carrer d'Extremadura, 11
✆ +34 871 71 71 41
www.elpaladar.es
order@elpaladar.es
Ouverte en 2018, cette épicerie créée à Minorque débarque à Ibiza pour proposer un choix complet de produits typiques et gourmets des Baléares, ainsi que des spécialités internationales. Un refuge tout trouvé pour les amateurs de bons produits, des prix raisonnables et un service au cordeau. On y trouve une impressionnante variété de jambon de très bonne qualité, mais aussi de fromages, de vins et liqueurs, d'épices en tout genre, et quelques pâtisseries typiques.

GLACIER – LOS VALENCIANOS

Pl/ Antoni Riquer, 5
✆ +34 971 311 067
Dans le quartier de la Marina, on prendra plaisir à s'attabler à la terrasse de Los Valencianos pour déguster un cornet tout en admirant le ballet des bateaux juste en face. En plus d'offrir un large choix de coupes audacieusement montées à grand renfort de chantilly, biscuits et fruits frais, le glacier reste ouvert, jusque très tard dans la nuit, si bien qu'il n'est pas rare d'y croiser vers 3h du matin quelques noctambules exténués venus reprendre des forces ! Une institution.

Le port d'Ibiza et sa forteresse.

MAISON LE VRAI

Carrer de Miquel Caietà Soler, 9
✆ +34 971 301 450
https://www.maisonlevrai.com
reservations@maisonlevrai.com
Maison Le Vrai est un restaurant français qui offre une expérience culinaire authentique. Que ce soit pour un repas sur place ou un service de drive, Maison Le Vrai propose une expérience gastronomique de qualité. Profitez d'une soirée agréable et d'un repas délicieux à Maison Le Vrai lors de votre visite à Eivissa.

MERCAT VELL

Plaça de la Constitució
Situé face au Portal de Ses Taules, le Mercat Vell est au cœur du quartier de La Marina. Il occupe un bâtiment construit à la fin du XIXe siècle sur le modèle des temples grecs, à l'endroit même où les paysans vendaient autrefois leurs produits. Le marché n'est pas très grand, mais on y trouve de bons produits pour faire ses emplettes, notamment des marchands de fruits et légumes écologiques et de produits typiques de l'île. Idéalement placé pour contempler le va-et-vient des commerçants et des passants. Quelques échoppes proposent des *bocadillos* excellents.

VIVI'S CREAMERY

Carrer del Mestre Joan Mayans, 6
✆ +34 971 31 48 99
C'est dans une petite rue partant de la Plaça de la Constitució que l'on débusque la jolie salle aux tons bleu pastel et la plaisante terrasse de la Vivi's Creamery, l'autre bon glacier de la vieille-ville. En plus d'un vaste choix de glaces aux parfums variés (les amateurs se laisseront tenter par la glace à la pistache) – à agrémenter à loisir de bonbons, chocolats et autres gourmands agréments –, on y déguste d'excellents milkshakes et de rafraîchissants smoothies. Service attentif et très bon emplacement. Parfait pour une halte sucrée.

SPORTS / LOISIRS / ACTIVITÉS

Si la ville même d'Ibiza ne se prête pas forcément aux activités sportives en soi, c'est en revanche un très bon point de départ pour en organiser ! Les différentes agences proposent toute une gamme d'activités plein air pour petits et grands à faire sur l'ensemble du territoire de l'île, allant de la randonnée dans les paysages bucoliques de l'intérieur aux sorties jeep, en passant par les sports nautiques. Côté mer aussi, les possibilités ne manquent pas, que l'on préfère voguer sur les flots ou bien en explorer les profondeurs !

ANFIBIOS – THE DIVING ACADEMY

Plage de Figueretes
Carrer Periodista Francesc Escanellas, 17
Entre One Beach Suites et Appartements Mar y Playa, en bord de mer
✆ +34 971 303 915
www.anfibios.com
anfibios@anfibios.com

Le centre Anfibios est spécialisé en plongée du niveau débutant à experts. Ici, on pratique exclusivement la plongée. Le centre jouit déjà d'une très bonne réputation et bénéficie de l'expérience du Anfibios Sports Water. Son leitmotiv : qualité, sécurité et fun. Jaume Torres, le propriétaire, a été le responsable de l'association de plongée d'Ibiza. Né à Ibiza, plongeur et capitaine de bateau, c'est un fin connaisseur des fonds sous marins de la zone.

CLUB NAUTICO IBIZA

Avinguda Santa Eulària
✆ +34 971 313 363
www.clubnauticoibiza.com
info@clubnauticoibiza.com

Situé au bout de l'avenue Santa Eulària, ce club historique d'Ibiza propose des cours de voile et de kayak pour les enfants (à partir de 7 ans) et les adultes. Dirigée par Sebastián Vidal, l'école propose chaque été des cours d'initiation sur des bateaux de type Optimist et des stages pour les marins déjà initiés. Il existe également des stages d'initiation pour adultes en barque de type « gamba ». Très bonne ambiance. Une belle manière de s'initier aux joies de la voile avec des locaux passionnés. Consultez le site pour connaître l'agenda du club.

MOTONAUTICA

Passeig Juan Carlos I, s/n
✆ +34 971 315 464
www.motonauticaibiza.com
comercial@motonauticaibiza.com

L'agence Motonautica est installée sur Ibiza depuis plus de 35 ans, proposant ses services de location d'embarcations marines de tous types, du simple Zodiac au jet-ski, en passant par le yacht, le voilier et le catamaran. Une belle manière de découvrir les plages cachées de l'île et de savourer des couchers de soleil splendides depuis votre embarcation. On pourra par ailleurs naviguer aisément jusqu'à Formentera. Gamme très vaste de bateaux adaptés à toutes sortes de publics. Possibilité de louer également les services d'un skipper.

RENTAL BOAT IBIZA

Carrer Lluís Tur i Palau, s/n
Port d'Ibiza
✆ +34 664 335 535
info@bcnnadir.com

Jordi, capitaine et grand connaisseur des Baléares et de la Costa Brava en Catalogne, vous invite pour embarquer sur *Nadir*, un beau bateau à moteur de 15 mètres tout confort. Une journée exceptionnelle « Day charter à Formentera ». Notre loup de mer est polyglotte et prend soin de son embarcation avec passion depuis 1991. Rénové en 2007, *Nadir* est totalement équipé pour sillonner les trésors des *Pitiüses*, avec clim, TV, DVD, hi-fi, cuisine complète, 2 salles de bain, cabine, etc. Une belle expérience qui s'amorce au pied du quartier historique.

ROCKID

✆ +34 607 038 837
cliffdivingibiza.com
ibizacliffdiving@gmail.com

Agence outdoor spécialisée dans la découverte intégrale d'Ibiza. Propose tout un panel d'activités : excursions et sorties en jeep, découverte des paysages et plages, activités nautiques... En groupe, en couple, en famille, en solitaire... toutes les formules sont possibles, et ce, tout au long de l'année. Hors saison, les activités sont programmées sur mesure. Et pourquoi ne pas se laisser tenter par le *cliff jumping* et sauter d'une falaise en totale sécurité ? Une expérience excitante et adaptée à tous les niveaux. Équipe francophone.

SCUBA IBIZA DIVING CENTER

Marina de Botafoch, 101-102
✆ +34 971192884
www.scubaibiza.com
info@scubaibiza.com

La première chose que l'on remarque en arrivant dans ce centre, c'est une équipe sympathique et diversifiée dans ses compétences. L'ambiance est amicale, décontractée, drôle même, pour ne jamais perdre de vue le plaisir de plonger en toute sécurité. Notez que le centre est le seul de l'île à être certifié CDC par Padi, c'est-à-dire centre de formation professionnelle. Mais pas d'inquiétudes, vous pourrez aussi venir faire de simples plongées de loisirs. Le matériel est au top.

SEA HORSE DIVING

Bâtiment Yais 5, en bord de mer
C. Biscaia
Plage Port des Torrent
✆ +34 629 349 499
www.seahorsedivingibiza.com
seahorse-diving@hotmail.com

Situé sur la côte ouest d'Ibiza, un groupe de quinze îles forme la réserve naturelle marine de Cala d'Hort, où vous pourrez vivre l'une de vos meilleures expériences de plongée en Méditerranée. Les plongeurs de tous niveaux pourront partir en excursion quotidienne (d'avril à novembre) et découvrir les fonds cristallins avec une visibilité moyenne de 25-30 mètres. Sea Hors Diving, petit club familial depuis 1989, propose à la fois des baptêmes et des cours PADI. Egalement des tours en bateau pour voir les baleines et de nombreux sports aquatiques.

S'AMUSER / SORTIR

AMNESIA

Carretera Sant Antoni Km. 5
✆ +34 971 198 041
www.amnesia.es
info@amnesia.es

Temple du *clubbing* à Ibiza depuis la fin des années 1970, Amnesia a plusieurs fois été sacré Best Global Club lors de la compétition internationale du Winter Music Conference. Cette ancienne maison de la fin du XVIIIe siècle est aujourd'hui une macro discothèque réputée dans le monde entier pour la qualité de son acoustique et son système de lasers colorés, qui créent une ambiance époustouflante pour les amateurs de house et techno. Ses soirées les plus courues, nommées « Pyramid », sont organisées tous les dimanches soir, dès 22h.

Dalt Vila, le quartier historique d'Ibiza.

ARTE DEL MOJITO

Carrer d'Enmig, 37

✆ +34 639 747 970

La spécialité de ce petit bar situé dans une ruelle piétonne est le cocktail de fruits frais, et plus spécifiquement, comme son nom le laisse délicieusement deviner, le mojito. Tenu par une sympathique équipe française depuis une vingtaine d'années maintenant, l'ambiance y est très sympathique et les verres, en plus de faire l'objet d'une attention particulière et soignée, sont bien remplis. Ici, on ne lésine pas sur la fraîcheur des ingrédients, qui sont chaque matin choisis sur le volet. Quand on parle de mojito ici, c'est bien d'art qu'il s'agit.

BCB TANGO

Carrer Barcelona, 1

✆ +34 649 117 893

Le Tango Bar est une adresse bien connue des fêtards de tous poils. Cosmopolite, c'est un parfait point de départ pour un début de soirée, et les rencontres y sont courantes ! Serveuses efficaces et souriantes, bar-tender professionnel et méticuleux (les cocktails font l'objet d'une élaboration attentive), ambiance musicale assurée par un DJ, événements délurés et amusants – type élection de miss et mister de la soirée –, tous les éléments pour passer un bon moment sont réunis. En général, en haute saison, il y a foule sur la terrasse !

LA BODEGA

Carrer Bisbe Torres Mayans, 2

✆ +34 971 192 740

Ouvert il y a une quinzaine d'années par deux associés, Fernando et Miguel, La Bodega fait à la fois office de bar-lounge et de restaurant de tapas, le tout sur fond de décoration extravagante et soignée. Les tapas sont excellentes (les grands classiques espagnols – la pulpo a la gallega est très bon – ainsi que des propositions plus internationales), mais on viendra surtout dans cette bodega pour s'offrir un cocktail dans une ambiance assez glamour. Quelques tables à l'extérieur, mais la décoration intérieure du bar mérite le détour.

BOODIOU

Carrer de la mar de deu 10

✆ +34 689 763 346

contact@boodiou.es

Lové dans les ruelles de la Marina, presque caché (aucun panneau ne vous annoncera que vous êtes bien arrivé), le Boodiou est une petite adresse comme on les aime. Tony, le patron français, fait tourner la boutique avec passion, prenant soin de ses hôtes de l'apéritif au digestif. A la carte, on trouve quelques très bonnes préparations à mi-chemin entre cuisine française et spécialités ibériques, tandis que derrière le comptoir s'élaborent des cocktails aux recettes fines. A noter que le local prépare ses propres *hierbas ibicencas*.

CALMA BISTRÓ

Puerto Deportivo Ibiza Nueva

Paseo Juan Carlos I

✆ +34 971 595 595

www.marinaibiza.com

info@marinaibiza.com

Le Calma Bistró, que les habitants de l'île appellent Sa Calma, est un bloc de verre installé dans la marina de Botafoc, juste derrière le Lio. On vient ici aussi bien pour un petit déjeuner que pour un repas à midi, mais c'est au crépuscule que la terrasse prend tout son sens et que le bistro se remplit : on peut apprécier, verre à la main, les reflets mouvants du soleil sur les murailles de Dalt Villa, juste en face. Bon à savoir : un taxi-bateau reliant la Marina du vieux-centre à Talamanca fait escale ici à heure régulière.

CASINO DE IBIZA

Passeig Juan Carlos I, 17
✆ +34 971 313 312
www.casinoibiza.com
info@casinoibiza.com
Situé sur la promenade maritime, à proximité du port Marina Botafoch, intégré à l'édifice de l'Ibiza Gran Hotal et se partageant les locaux avec le club-discothèque Heart, le casino d'Ibiza abrite une salle de machines, une grande salle de jeux (Black Jack, poker, etc.), un bar et un élégant restaurant (qui se situe de fait dans la salle de service du Heart, avec des propositions culinaires des illustres frères cuisiniers Ferrán et Albert Adriá). Tenue correcte exigée à l'entrée. Possibilité de réserver un salon privé. Ouvert toute l'année.

KEEPER

Passeig Juan Carlos I, 25
✆ +34 971 310 509
Situé dans le port de Marina Botafoch, le Keeper Ibiza est un petit bar-club qui fait office de point de rendez-vous avant de s'atteler à une tournée des clubs en bonne et due forme alentour (dont le Pacha, situé à quelques minutes à pied, mais aussi le très bon Hearth). L'établissement est bien souvent bondé d'Espagnols qui apprécient les *copas* en plein air, sur sa grande terrasse, à accompagner de quelques plats snacks tout simples, mais parfois salvateurs. Attachez vos ceintures, vous êtes sur la rampe de lancement de la nuit !

LÍO

Puerto Deportivo Marina Ibiza
✆ +34 971 310 022
www.lioibiza.com
info@lioibiza.com
Le Lío est le restaurant-cabaret à la mode à Ibiza. Glamour, sexy, scintillant, le show musical est épatant et très bien ficelé, porté par des chanteurs et danseurs professionnels. Le lieu lui-même est gigantesque, ouvert aux quatre vents et paraissant flotter dans la marina (avec le château de Dalt Vila en toile de fond), et les assiettes servies par une équipe de service tirée à quatre épingles sont plutôt réussies. Il est toujours possible de venir prendre un verre après 1h, quand le spectacle se termine et que le lieu se convertit en *dancefloor*.

PACHA

Avinguda 8 d'Agost
Marina Botafoch
✆ +34 971 313 612
www.pacha.com
A 15 minutes à pied depuis le port d'Ibiza.
La boîte la plus emblématique d'Ibiza depuis son ouverture en 1973, lorsqu'elle prônait l'expression libre du mouvement hippie et des hédonistes en tous genres. Le Pacha se compose de plusieurs salles, sans oublier la terrasse, qui profite d'une vue agréable et de décibels un peu plus calmes. Une des soirées à ne pas manquer : la *Flower Power*. Musique rock, soul et disco des années 1960 à 1980, fleurs à l'oreille, on y recrée cette ambiance *peace and love* qui fut le terreau de la naissance du club. Nombreux événements en saison !

PARADISE LOST

Carrer Del Passadis, 14
✆ +34 627 58 92 05
www.paradiselostibiza.com
getlost@paradiselostibiza.com
Nommée d'après un poème de John Milton, cette rhumerie est peut-être la meilleure du quartier gitan. Avec ses airs de cale de bateau aux étagères croulant sous des bouteilles aux étiquettes réputées, le Paradise Lost a quelque chose de la taverne de pirates, avec cette touche *fancy* propre à la vieille-ville. On sirote, sur la petite terrasse en surplomb d'une ruelle à l'écart des passages trop touristiques ou bien dans la salle chaleureusement arrangée et tamisée, de splendides *long drinks*, cocktails et autres pintes de bière bien fraîche. Belle ambiance !

PETIT PEREYRA

Carrer ses Figueres, 5
✆ +34 619 029 215
petitpereyra-restaurant.business.site
petitpereyra@gmail.com
Né des cendres du Teatro Pereyra, véritable institution de la musique live du centre d'Eivissa, le Petit Pereyra se trouve dans une petite rue de Talamanca et, a priori, ne paie pas de mine. Un joli jardin couvert garni de plantes tropicales où sont alignées des tables de bois. On y mange une cuisine simple et bien préparée tout en sirotant bières et cocktails. En se rendant aux toilettes, si l'on tend bien l'oreille, les nappes puissantes d'une musique électronique ou disco captent l'attention. Pour aller plus loin, à la manière d'un speakeasy américain, vous n'aurez qu'à pousser la porte au fond de la petite pièce pour vous engager dans un véritable petit club flambant neuf avec DJ, équipé de matériel hi-fi et de luminaires de pointe. Musique pointue et cocktails jusqu'au petit matin. A noter que le Petit Pereyra est l'un des seuls établissements à disposer d'une licence nocturne en hiver, attirant du coup les fêtards noctambules chaque nuit de l'année.

S'ESCALINATA

Carrer Portal Nou, 10ie
✆ +34 628 560 382
www.sescalinata.es/ibiza
sescalinata.ibiza@gmail.com
Unique en son genre, S'Escalinata se trouve installé le long d'un antique escalier de Dalt Villa. On vient ici à toute heure pour reprendre des forces grâce à un solide smoothie de fruits tropicaux ou un combo salade/sandwich ou tapas, mais aussi pour les très bons cocktails préparés avec amour quand le soleil se couche. L'originalité du lieu tient au fait que de gigantesques poufs sont étalés le long des épaisses et larges marches de l'escalier, laissant aux clients tout le loisir de s'adonner à la saine pratique du *chill* en plein air. Une institution.

TIRAPALLÁ

Carrer Santa Llúcia, 8
✆ +34 634 517 221
On ne manquera pas la superbe terrasse de ce bar, qui offre une vue magnifique sur la ville et la citadelle. L'endroit est d'ailleurs plutôt fréquenté par les gens du coin, car sa terrasse encaissée et joliment arrangée se trouve à l'abri des regards. Côté cocktail, on a affaire a des créations originales que l'on ne trouve pas ailleurs : n'hésitez pas à discuter avec les serveurs qui feront leur possible pour identifier la recette qui conviendra la mieux à vos goûts. Très bon point de départ pour commencer la soirée dans une ambiance à la fois intime et festive.

LES ENVIRONS D'IBIZA-EIVISSA

Au sud de la ville d'Ibiza se dresse l'un des paradigmes du tourisme de masse : Platja d'en Bossa. Très urbanisé, bruyant et sans charme, ce lieu a quand même le mérite d'être animé en soirée. Au contraire, au nord de la ville, le petit village de Jesús et ses environs abritent une zone résidentielle tranquille. En allant vers l'intérieur des terres, le village de Sant Jordi est surtout un lieu de passage obligatoire pour se rendre à l'aéroport.

PLATJA D'EN BOSSA

Au sud d'Ibiza, appartenant à la municipalité de Sant Josep, cette longue plage de sable fin est bordée de grands immeubles, de gros hôtels, de bars, de restaurants… En été, cette concentration d'établissements touristiques a tendance à compromettre la tranquillité de ce quartier pourtant paisible en hiver. L'extrémité de la plage est plus calme et agréable, un calme somme toute relatif, car l'endroit est sur la trajectoire des avions en phase d'atterrissage et l'été, l'aéroport est très fréquenté. Mais Platja d'en Bossa est surtout le rendez-vous des clubbers qui se donnent rendez-vous dans les beach clubs du bord de plage ou à l'Ushuaia et au tout récent Hï Ibiza pour danser. Le dress code sur la plage ? Fun et sexy ! Zone également propice aux sports de plage et à la pratique de la planche à voile ou de la régate.

ANFIBIOS

Bâtiment « Edifici Acapulco »
✆ +34 971 303 915
www.anfibios.com
Diverses activités sont proposées, telles que la plongée, le catamaran, la planche à voile ou le kayak. Tous les publics sont les bienvenus, du baptême au niveau professionnel, et les leçons sont données en groupe très réduit. N'oubliez pas votre licence et, pour ceux qui l'ont, un certificat médical datant de moins de 2 ans. C'est aussi l'endroit parfait pour tester le Stand up paddle, le sport à la mode qui fait fureur sur les plages de la Méditerranée. Le centre existe depuis 1979 et il est très réputé. Une adresse fiable et pro.

HÏ IBIZA

www.hiibiza.com
Il a investi les locaux du Space, iconique club techno d'Ibiza qui a fermé ses portes, pour ouvrir les siennes à l'été 2017. Il s'agit du Hï, installé juste en face de son grand frère l'Ushuaïa, et est à ce jour la discothèque la plus récente de l'île. Au programme : musique électronique de qualité, portée aussi bien par des têtes d'affiche du monde de la nuit que par des DJs plus underground. Pour l'été, quelques soirées sont déjà au programme : *F***Me I'm Famous !* le vendredi, *Black Coffee* le samedi et *Glitterbox* le dimanche.

PLATJA D'EN BOSSA

USHUAIA

Platja d'en Bossa, 10
✆ +34 902 424 252
www.ushuaiabeachhotel.com
reservas.ibiza@ushuaiabeachhotel.com

L'Ushuaïa est un hôtel 5 étoiles qui organise à l'air libre d'impressionnantes soirées où participent des milliers de fans d'électro réunis autour de son immense piscine, et tout cela en plein après-midi (de 17h à minuit). Le détail chic ? Des chambres à louer – sans lit – pour assister aux sessions des DJ en petit comité, avec une vue imparable sur la scène, et bien sûr un mini bar bien rempli, un bain à remous et un service de massage ! Il faudra quand même débourser quelque 2 500 euros par jour pour vous offrir ce luxe... Un lieu devenu culte.

JESÚS

La paroisse de Jesús fait partie de la municipalité de Santa Eulària, dont le centre-ville est à plus de 10 km, alors qu'elle se trouve à côté d'Ibiza et non loin de la plage de Talamanca. Ce quartier est la partie résidentielle d'Ibiza, qui s'étale sur les collines protégeant la plage de Talamanca et le port d'Ibiza. La visite de l'église de Jesús (Nuestra Señora de Jesús), assez cachée par les nouvelles constructions, mérite un petit détour pour son retable gothique du XVe siècle, attribué à Rodrigo de Osona. Passé l'arcade sous l'enseigne de la pharmacie, une petite allée entre les arbres vous conduira jusqu'à la porte où l'on respire un petit parfum d'antan.

PLATJA DE S'ESTANYOL

En traversant le village de Jesús, la plage est indiquée.

La plage de S'Estanyol se présente sous la forme d'une crique abritée étalant une modeste, mais agréable, bande de sable et flanquée d'embarcadères typiques des Pityuses. Entourée d'une forêt de pinèdes, elle tire son nom (S'Estanyol signifie « petit étang » en *ibicenco*) du fait que jadis les eaux de la petite rivière Sa Font s'accumulaient non loin de la plage, créant une zone humide similaire à un petit lac. On pourra d'ailleurs observer les vestiges d'un ancien puits ici. Le chiringuito Cala Bonita propose quelques plats bien faits.

SANT JORDI

Le petit village de Sant Jordi, appartenant à la municipalité de Sant Josep, sur la route de l'aéroport et Ses Salines, possède une très belle église fortifiée du XVe siècle, qui mérite le détour car c'est sans doute la plus intéressante de l'île. Malheureusement, le village a grandi… et les constructions se sont multipliées.

Ce petit village, au croisement de plusieurs routes, est un des lieux de résidence des Espagnols qui s'éparpillent dans des maisons et lotissements autour de leur église.

Tous les samedis, à l'hippodrome, se tient un marché (mercadillo) étalant denrées et produits les plus divers. Sur la route vers Ses Salines, à quelques mètres après le rond-point, vous prendrez la route de la crique de Sal Rossa. La tour de défense d'Es Carregador est appelée aussi de Sal Rossa, car elle se trouve dans la crique du même nom, dans la municipalité de Sant Josep. Suivez la route de l'aéroport, puis, au rond-point, prenez la direction de la plage de Ses Salines et un chemin de terre à gauche pour découvrir l'église de Sant Francesc, l'une des plus anciennes.

L'église de Sant Jordi.

LE SUD

Le sud d'Ibiza s'organise autour de la municipalité de Sant Josep. Il abrite de magnifiques plages de sable blanc, notamment les incontournables Cala Jondal et Ses Salines ; la zone humide des salines ; et le petit îlot de Es Vedrà. Moins urbanisé que le reste de l'île, le sud d'Ibiza accueille les amateurs de tranquillité.

SANT JOSEP DE SA TALAIA ★

La vaste municipalité de Sant Josep intègre le petit village de Sant Jordi, déjà cité, proche d'Ibiza, le village d'Es Cubells et celui de Sant Agustí, qui ont tous les trois leur propre église. Cette municipalité occupe tout le sud de l'île d'Ibiza. Les habitants se sont installés sur les nombreuses collines de ce territoire, souvent près des plages ou *calas*, véritables paradis des estivants.

Très coquet et fort bien situé, le village de Sant Josep a su conserver son authenticité. Il abrite une église blanche datée du XVIIIe siècle, dont le retable mérite le coup d'œil. On s'attardera volontiers à Sant Josep pour boire un verre ou déguster une glace sur les terrasses ombragées de la place, animées à toute heure du jour et de la soirée. La balade dans les ruelles bordées de larges trottoirs reste agréable et, malgré les boutiques de souvenirs qui attirent bon nombre de touristes, il y flotte comme un parfum d'antan. Des groupes folkloriques organisent des danses traditionnelles aux portes des paroisses et pour célébrer l'arrivée du printemps, le 19 mars, le village honore son saint patron, Josep, en organisant de superbes feux d'artifice.

Pratique

OFFICE DE TOURISME DE SANT JOSEP
Plaça de l'Església
✆ +34 971 801 627
www.santjosepdesatalaia.cat
infoturisme@santjosepdesatalaia.cat
Si vous passez par Sant Josep, n'hésitez pas à faire une petite halte à l'office de tourisme. Vous y serez accueilli par un personnel qualifié et professionnel qui se fera un plaisir de vous orienter dans vos recherches. Les activités mises en avant par cette antenne touristique ne se bornent pas aux frontières de la ville. Vous pourrez par exemple y trouver les cartes des itinéraires de marche à pied dans le parc de Salines, ou encore les meilleurs spots pour faire du snorkeling !

À voir – À faire

Plusieurs excursions sont possibles à partir du village. La montée jusqu'au sommet d'Atalayassa, ou Sa Talaia, reste unique. C'est le point le plus élevé de l'île (475 m). La vue y est splendide :

tout le sud de l'île, la campagne, la côte découpée, les villes d'Ibiza et de Sant Antoni, Formentera et les différents îlots de l'archipel des Pitiusas. Les plus sportifs monteront à pied à partir du village, les autres pourront s'aventurer en voiture (route en mauvais état) à la sortie du village, direction Sant Antoni sur la gauche. Attention, ce n'est pas très bien indiqué.

CAPELLA D'EN BEIA

Carretera de Sant Josep
a Sant Antoni, s/n
En sortant de Sant Josep,
suivre la direction de Sant Antoni.
La chapelle se trouve 2 km plus loin,
sur la gauche.

Pour accéder à la chapelle d'en Beia depuis Sant Josep de Sa Talaia, il faudra emprunter une sortie sur la gauche de la route à environ 1,5 km de la sortie de la ville. Au bout du petit chemin de terre apparaît le petit monument construit au XIXe siècle par Antoni Ribas Cardona, qui avait fait la promesse de construire cette chapelle si sa femme survivait à un accouchement difficile. La femme et le bébé furent sains et saufs, aussi Antoni Ribas Cardona tint sa promesse et fit construire l'ermitage. Il abrite une figure du Christ et quelques images religieuses.

CAPELLA D'EN SERRA

Chemin de Benimussa

L'accès à cette chapelle se fait par la route qui relie Sant Josep à l'aéroport (déviation vers le sentier Serra 1,5 km après avoir quitté la ville). Lieu de prière et de pèlerinage des paysans de la région. La chapelle fut édifiée au début du XXe siècle par un habitant de l'île (Vicente Serra : les lettres V et S se trouvent de chaque côté de l'entrée) parti faire la guerre en Algérie. Il avait fait la promesse d'élever une chapelle sur le Puig d'en Serra s'il revenait vivant. A l'intérieur se trouve une curieuse image du Christ vêtu de jupes paysannes.

VISITE

Église de Sant Josep de sa Talaia.

ÉGLISE DE SANT JOSEP DE SA TALAIA

Plaça de la Església, s/n
✆ +34 971 800 165
La silhouette blanche de l'église se dresse au milieu du petit village. Elle a été construite entre 1726 et 1732 à la demande des habitants d'Es Vedrans et de Benimussa. La partie de la sacristie sous les porches est un endroit remarquable dans sa simplicité. A l'intérieur, on trouve une chaire en bois décorée par José Sánchez Oca en 1763, représentant les mystères. Si le retable d'origine a été brûlé au début de la guerre civile, en 1936, il a été remplacé par une réplique exacte.

Shopping

Sant Josep propose aux acheteurs un large choix de cadeaux et d'articles de décoration dans un périmètre réduit.

AUROBELLE

Carrer Bernad Toniet, 5
✆ +34 971 19 76 44
www.aurobelle.com
Charmante boutique parée de bois au ton bleu turquoise installée depuis peu à Sant Josep. Pour faire ses emplettes à la mode *boho* (style bohème chic). Bijoux colorés, tuniques, robes fleuries, caftans, sandales, foulards... et quelques belles pièces colorées pour les enfants.

Autre adresse : A Santa Gertrudis et au marché hippie Las dalias.

JOAN BENET

Finca Can Joan Benet – Benimussa – Apartado de Correos 156
✆ +34 626 241 625
www.joanbenet.es
estrull.jbenet@gmail.com
C'est en 1996 que Joan Benet décida de créer la première huile d'olive extra vierge d'Ibiza avec en tête l'objectif de retrouver la saveur intense et fruitée de l'huile de son enfance, tout en la dotant de la douceur et de la délicatesse qui lui faisait défaut. Elle est aujourd'hui élaborée dans le domaine de l'homme et est commercialisée sous la dénomination Oli d'Ibiza. Servie dans les meilleurs restaurants de l'île, vous pourrez l'acheter directement dans son domaine (en passant un petit coup de fil au préalable), ou dans les épiceries de l'île.

ES CAVALLET ★

En direction des Salines (RM 802), à gauche avant le passage étroit, Es Cavallet est une longue et belle plage de sable blanc bordée de dunes et de pins située dans le parc naturel de Ses Salines.

Elle commence tout de suite après la pointe, où se trouve la partie plus familiale, tandis qu'un peu plus loin, se trouve la partie gay et nudiste, vers le *Chiringay* (un bar-restaurant de plage renommé auprès de la communauté gay). Mais Es Cavallet est surtout connue pour être la première plage nudiste de l'île, une pionnière en Espagne. Même si l'eau qui la borde est turquoise et transparente, la posidonie qui s'échoue sur la plage, sujette au vent, rend parfois la baignade moins agréable, ce qui lui vaut aussi d'être un peu moins fréquentée que la plage de Ses Salines, bien qu'elle puisse être tout aussi bondée l'été... Trois

LE FESTIVAL CLUB, UN AMPHITHÉÂTRE OUBLIÉ

En 1969, alors qu'Ibiza est en plein boom touristique, les premières pierres d'une immense enceinte destinée à accueillir un vaste public pour des spectacles en plein air, au creux des montagnes à l'est de Sant Josep, sont posées : le Festival Club est promis à un bel avenir. Inauguré 5 ans plus tard, il n'aura malheureusement pas le temps de recevoir les spectateurs escomptés, en raison du premier choc pétrolier de 1973 qui rend le prix des billets d'avion pour Ibiza inaccessible. L'amphithéâtre tombe alors doucement dans l'oubli, et bientôt, arbres, lianes et puissantes racines envahissent le mobilier de béton et la scène. 40 ans ont passé depuis, soit autant de couches de peintures de graffitis en tout genre déposées sur les murs de feu le Festival Club. Amateurs d'urbex, à vos appareils !

chiringuitos permettent de se restaurer sur place, dont le Chiringay, assez festif. D'autre part, on pourra parcourir la plage jusqu'à la tour défensive de Ses Portes à l'extrémité sud de la plage.

Attention, l'accès à la plage se fait par une route très étroite et le parking, dont la capacité est limitée, peut vite être plein. Il est conseillé d'y circuler avec prudence.

SES SALINES ★★

Les salines sont un lieu privilégié pour leur beauté naturelle. Le parc national de Ses Salines est un ensemble de marais salants d'une surface de 400 ha, qui ont été exploités par les Phéniciens, les Romains et les musulmans. Aujourd'hui, c'est un endroit d'une grande valeur écologique puisqu'il est le lieu de passage de plusieurs espèces d'oiseaux migrateurs, récemment déclaré zone protégée. Un grand parking en terre battue, à gauche, devenu payant, permet un accès à pied entre les dunes et les pins.

Vous débouchez sur la longue et belle plage de Ses Salines. Cosmopolite, très à la mode, c'est la plage pour voir et être vu, surtout lorsqu'on y arrive en bateau !

A partir de la plage de Ses Salines, une balade à pied en suivant les falaises jusqu'à la tour de Ses Portes vous fera apprécier la beauté du paysage, avec au loin Formentera, les îlots d'Espalmador et Espardell, et l'île de Es Penjat surmontée de son phare. Au passage, vous découvrirez des petites criques beaucoup plus tranquilles que Ses Salines. Beauté garantie !

LA BELLA VERDE
Plage de Ses Salines
✆ +34 663 65 76 36
www.labellaverde.com
info@labellaverde.org

VISITE

La Bella Verde propose des sorties à la découverte des eaux cristallines des Pitiuses, à bord d'un catamaran. Moderne et 100 % green, c'est d'ailleurs la seule entreprise aux Baléares avec ce type d'embarcation qui garantit zéro émission d'huiles et de combustibles. Le point de départ s'effectue à la plage de Ses Salines vers 11h (horaire flexible). En route vers Formentera, en passant par l'îlot de S'Espalmador, ou vers Es Vedrà. Les navigateurs hollandais connaissent bien les criques, grottes, plages et les spots de plongée.

CENTRE D'INTERPRÉTATION SES SALINES ★

Sant Jordi de ses Salines

Le centre d'interprétation des salines des îles Pityuses se trouve au niveau du presbytère de San Francesc de s'Estany. La visite débute par la projection d'une vidéo explicative très instructive sur l'écosystème du parc naturel de Ses Salines d'Ibiza et de Formentera, composé de prairies de posidonie, biosphère classée au patrimoine mondial de l'Unesco depuis 1999. Une petite exposition composée de photos et d'anciens outils évoque l'histoire et les techniques d'exploitation des salines (panneaux explicatifs en français). On y apprendra notamment que la bactérie *Halobacterium salinarum* et l'algue microscopique *Dunaliella salina* sont toutes deux responsables de la teinte rose caractéristique des salines. A l'accueil, on remarquera aussi le bocal où gigotent de drôles de crustacés, roses et minuscules : ce sont des *Artemias salinas* (artémie en français) devenues roses après avoir ingéré ces micros algues. Et par suite, les flamants, qui viennent se nourrir d'*Artemia salina* dans le parc naturel, deviennent roses à leur tour. C'est la chaîne alimentaire !

En suivant le chemin en terre qui part du centre d'interprétation, on rejoindra un observatoire en bois (en plus de celui installé juste derrière le centre) où il est possible d'observer les flamants

Pouet de Sa Trinxa.

roses venus se nourrir à quelques mètres de là. N'oubliez pas vos jumelles, les flamants peuvent être observés toute l'année, bien qu'on ait plus de chance de les voir en hiver. Beau spectacle !

■ DC-10 IBIZA

Carretera de Ses Salines, km.1
www.circolocoibiza.com
L'ancienne petite ferme du DC-10 ne se présente plus dans le monde du clubbing. Ce club de musique house et techno où vous pourrez admirer le ballet des avions et frissonner à leur passage, à quelques mètres au-dessus de votre tête, est une légende dans le milieu. Situé dans un ancien entrepôt avec une immense piste de danse à l'air libre, DC-10 est surtout connu pour ses afters du *Circo Loco*, les lundis à partir de 16h. Le mercredi, les soirées *Paradise* font honneur à la scène underground du Royaume-Uni (Ben UFO et Julio Bashmore notamment).

■ SUPER CA'N PEP TIXEDÓ

www.supercanpeptixedo.com
Un supermarché touristique qui n'a pas trop bougé depuis son ouverture en 1975, presque devenu une petite légende des Salines, très pratique pour se ravitailler avant d'aller à la plage. Le lieu est connu pour ses sandwiches « a la carta » à garnir des ingrédients de son choix et pour ses *empanadas*. On y trouve aussi des produits locaux typiques d'Ibiza, du vin à l'huile d'olive en passant par le sel d'Ibiza mais aussi des fruits et légumes de saison. Une halte toujours bienvenue où l'on est généralement accueilli dans la bonne humeur.

© JULEN - STOCK.ADOBE.COM

Parc national de Ses Salines.

VISITE

SA CALETA ★

Très protégée du vent, la petite crique de Sa Caleta, bordée d'embarcadères de pêcheurs, offre une belle palette colorée avec ses eaux turquoise et chaudes.
Son décor de carte postale, avec les typiques *llaüts* (bateaux traditionnels), est séduisant, d'autant que l'endroit est particulièrement tranquille. Juste à côté, ne manquez pas d'admirer le site archéologique de Sa Caleta, classé au patrimoine mondial de l'Unesco.

À voir – À faire

Entre la plage des Codolar et le Puig des Jondal, vous trouverez le village phénicien de Sa Caleta. Ce sont les restes des fouilles du premier campement des phéniciens, avant qu'ils ne s'établissent par la suite là où se trouve l'actuelle Dalt Vila.

ES BOL NOU ★

Pratiquement collée à Sa Caleta, cette plage offre un beau contraste entre les forêts de pins, la terre rouge, les eaux cristallines et le sable blanc. Très fréquentée par les locaux, Es Bol Nou offre un cadre relativement tranquille. Il n'est pas rare d'y voir des gens se couvrir le corps d'argile provenant des rochers, apparemment cela aurait des vertus exfoliantes, mais attention à vos maillots de bain car, tout comme pour les plages à Minorque, ça tache ! N'hésitez pas à monter sur les blocs de roches pour admirer le paysage d'un peu plus haut.

RUINES PHÉNICIENNES DE SA CALETA ★

Ces vestiges d'un village phénicien (VIIIe s. av. J.-C.), classés au Patrimoine mondial de l'Unesco, sont un témoignage exceptionnel de l'urbanisation et de la vie sociale des colonies phéniciennes. Ses habitants, chercheurs de métaux, venaient du sud de la péninsule Ibérique qu'ils ont abandonnée pour fonder une nouvelle ville dans la baie d'Ibiza : Dalt Vila. On a découvert ici des fours, des céramiques, des ustensiles de cuisine et même des moulins en pierre.

CALA JONDAL ★

Très belle plage de galets qui s'étend sur 300 mètres de long. La baie de Jondal comprend, juste à côté, la petite crique de Es Xarco, également recouverte de galets, avec pour seuls aménagements un *chiringuito* et une petite boutique de vêtements et de souvenirs, élégamment camouflés entre les pins. A l'origine plutôt familiale, Cala Jondal attire aussi une clientèle cool dans ses *chiringuitos* à la mode, dont le célèbre Blue Marlin, repaire de starlettes et de célébrités de passage.

Cala Jondal.

Porroig.

PORROIG ET CAP ROIG ★

Les amateurs de balades à pied iront sur la droite de la plage jusqu'au cap Roig. Ce majestueux promontoire, couvert de villas de luxe et entouré de petites mais superbes criques, est bordé par une eau magnifique. Vous pouvez atteindre en voiture le cap Roig, ainsi que la playa d'Es Torrent, en suivant la route de Sant Josep (PM 810). Tournez à gauche dans un grand virage, assez dangereux, à une dizaine de kilomètres. La plage et le cap sont bien indiqués.

ES CUBELLS ★

Le petit village d'Es Cubells, accessible depuis Sant Josep par une superbe route sillonnant à travers les collines, a la particularité d'être niché à flanc de falaise : la vue à couper le souffle s'ouvre ici sur les paysages côtiers couverts de végétation et de belles villas. Fondée au XIXe siècle, sa charmante église blanchie à la chaux domine le hameau. Au pied de la falaise, on aperçoit les criques de Cala Llentrisca, d'Es Torrent, de Porroig et juste en-dessous, de Ses Boques. Vous cherchez un peu d'ombre ? Allez vous installer à la terrasse du restaurant niché entre les pins de la petite crique de Ses Boques. De là, une superbe promenade à pied est possible : en longeant la falaise par un sentier piéton, vous rejoindrez la Cala Llentrisca, où seuls se rendent les pêcheurs du coin et les amateurs de plongée. La plage n'est guère fréquentée et il n'y a pas de service de restauration sur place. Comptez environ 30 minutes de marche.

ÉGLISE D'ES CUBELLS
Es Cubells, s/n
✆ +34 971 800 165
Construite en 1864 et remodelée dans les années 1950, cette petite église suit les codes de l'architecture traditionnelle de l'île, avec sa nef centrale et ses chapelles latérales (notons également la présence de contreforts sur l'un des côtés de la bâtisse), et offre un point de vue fantastique sur la cala d'Es Cubells et le cap Llentrisca.
Dédiée à la Virgen del Carmen (la fête paroissiale a lieu le 16 juillet), l'église se trouve à 6 km du village de Sant Josep. Il suffit de suivre la route à partir de la place de l'église jusqu'au village d'Es Cubells.

CALA D'HORT - ES VEDRÀ ★★

Cala d'Hort est une superbe plage de 200 mètres de long située dans un cadre sauvage, face à l'îlot bien connu d'Es Vedrà (382 m) et à l'îlot voisin d'Es Vedranell. Idéale en demi-saison car bien protégée du vent, en été cette plage orientée sud-ouest devient une vraie fournaise. Ce qui ne l'empêche pas d'être très fréquentée, notamment pour ses restaurants et sa vue époustouflante. A la tombée du jour, les falaises aux alentours offrent un point de vue splendide sur le coucher de soleil. Le spot est connu des habitants et des touristes. Ses eaux claires et turquoise sont aussi parfaites pour buller avec son masque et son tuba !

À voir - À faire

Vous pouvez vous lancer à l'aventure au sommet des falaises. Une bonne excursion possible consiste à suivre un

Atlantis, lieu mystique caché à Ibiza.

LE BOUDDHA D'ATLANTIS

A une centaine de mètres au-dessus des piscines naturelles du lieu-dit Atlantis, partiellement dissimulé derrière des branches de genévriers, on trouve l'un des trésors cachés d'Ibiza : une immense peinture circulaire imprimée à même la roche représentant un bouddha. La rumeur dit qu'elle aurait été réalisée par un vétéran du Vietnam d'origine japonaise, à en juger par la date qui accompagne le dessin, 1979, écrite en idéogrammes nippons. Il s'agit en réalité d'un Bodhisattva de la compassion aux multiples bras, qui devient dans les années 1980 un symbole de l'île. Le célèbre Café Del Mar n'a d'ailleurs pas hésité à s'en emparer pour le mettre sur la couverture de sa compilation de musique lounge de 2004. En 2011 toutefois, l'œuvre a été vandalisée à grands coups de bombes de peinture, que des admirateurs du bouddha ont par la suite minutieusement reproduite. Aujourd'hui encore, le lieu est un sanctuaire pour qui cherche la paix et il n'est pas rare d'y croiser des apprentis méditant en position du lotus. Il n'en reste pas moins que le mystère demeure autour de l'auteur du bouddha d'Atlantis. Tout ce que l'on sait, c'est qu'il se nommait Mabo et qu'il avait quelque chose à voir avec l'île de Kyushu.

chemin qui conduit à la Torre del Pirata. Elle fait partie des nombreuses tours de défense qui parsèment le pourtour de l'île et dont beaucoup font l'objet d'une rénovation.
Vous passerez à côté des ruines puniques de Ses Paisses, dont la fouille a été reprise par une équipe internationale.

ATLANTIS (PEDRERA DE CALA D'HORT) ★

Ancienne carrière de pierre, située au pied de la tour des Savinar, où l'on peut voir des visages taillés dans la pierre ainsi que des statues érigées par les visiteurs. Le site abrite aussi de belles piscines naturelles, creusées dans la roche, ainsi qu'une petite crique sauvage aux eaux cristallines. Bonnes chaussures indispensables, mais les plus courageux ne seront certainement pas déçus ! La descente (15 minutes), et la remontée (20 minutes), sont un peu raides !

ES VEDRÀ, ES VEDRANELL ET LES ÎLOTS DE L'OUEST ★★

✆ +34 971 301 460
www.balearsnatura.com
Ce parc naturel est formé par de nombreux îlots qui prennent place sur 787 ha : Es Vedranell, le magnifique Es Vedrà qui culmine à 382 m ainsi qu'une myriade d'îlots près de la côte ouest. L'accès à ces îlots se fait avec une autorisation préalable de la mairie de Sant Josep. Cependant, l'organisme Balears Natura organise tous les mois des ateliers de découverte (payants), ouverts à tous : promenade à la pleine lune autour de Platges de Comte, visite guidée à Sa Conillera, etc.

TORRE DES SAVINAR

Connue comme la Torre del Pirata (« tour du pirate », ce surnom lui vient d'une nouvelle de Vicente Blasco Ibáñez, *Los muertos mandan* (*Les Morts commandent*, 1909), cette tour se dresse sur une falaise face aux îlots d'Es Vedrà et Es Vedranell, offrant un panorama absolument splendide. Sa construction fut achevée en 1763, afin de protéger le littoral des attaques venues d'Algérie. Pour y accéder, vous devrez laisser votre voiture sur la route de Cala d'Hort et suivre le chemin de terre vers les falaises. La balade dure environ 30 minutes.

RUINES DE SES PAISSES DE CALA D'HORT

Découvert en 1917, le site de Ses Païsses est accessible depuis Cala d'Hort, en suivant la route en direction de Cala Vedella. Il s'agit des vestiges de deux bâtiments et de deux nécropoles ; l'une datant de l'époque carthaginoise et l'autre de l'époque byzantine. Elles reflètent une occupation très longue, du Ve siècle av. J.-C. au VIIe apr. J.-C. Lors de la fouille, on a découvert dans la nécropole carthaginoise une vingtaine de tombes renfermant un grand nombre de poteries.

ES VEDRÀ ET SES LÉGENDES

La région sud-ouest d'Ibiza a toujours été féconde en mythes et légendes : on y rendit un culte à la déesse Tanit, déesse empruntée par les Phéniciens aux Berbères, on y chercha les sirènes de la cité engloutie de l'Atlantide, mais aussi, avec l'arrivée de la new wave, des OVNIS, dans les profondeurs marines. Si la science a tendance à réfuter toutes ces hypothèses, l'expérience vécue par un moine de l'ordre du Carmel quelque peu anti- conformiste sur l'îlot d'Es Vedrà en 1864, est tout ce qu'il y a de plus historique. Francisco Palau (1811-1872), gênant pour l'Eglise en raison de ses idées peu conventionnelles, fut envoyé à Ibiza en 1854 par les autorités ecclésiastiques, où il fit un ermitage dans une grotte du côté d'Es Cubells. Début 1864, il est décidé à s'investir à nouveau dans la vie de la cité, avec comme objectif d'exorciser les paysans impies de l'île. Bientôt las de sermonner le tout venant et aidé par un ami pêcheur, il se retire dans une grotte d'Es Vedrà, s'adonnant pleinement à la méditation. C'est alors que lui vient une série d'intenses révélations nocturnes qu'il compilera plus tard dans un recueil mêlant le thème de l'auto-transformation extatique à un symbolisme lié au jardinage, activité que les habitants de l'île portent en haute estime. Francisco Palau devint alors une figure importante de l'île et son premier ermitage d'Es Cubells se convertit en un important lieu de pèlerinage. Le moine sera béatifié en 1988.

Cala d'Hort.

L'OUEST

L'ouest d'Ibiza offre un surprenant contraste entre les plages urbanisées de Sant Antoni, paradigme du tourisme massif, et la tranquillité des plages accessibles uniquement en voiture (cala Vedella, Moli, Comte, etc.). Entre sunsets branchés dans les bars de Sant Antoni et longues balades sur les falaises du littoral, chacun y trouvera son bonheur...

CALA CARBÓ

Cette petite crique est devenue aisément accessible, au grand dam des pionniers qui fréquentaient la plage du temps où un seul et unique restaurant occupait les lieux. Le site n'en est pas moins superbe, protégé par des collines et entouré de pins.

LE CHARBON, CET OR NOIR TOMBÉ DANS L'OUBLI

Le nom de cette cala n'est pas anodin. Il fait référence à une tradition catalane (et ibicenca) oubliée : celle du carbonero, que l'on pourrait traduire par « charbonnier ». En effet, avant le grand boom touristique des années 1960, Ibiza tirait une bonne partie de ses revenus de la fabrication et de l'exportation de charbon de bois. Les villageois d'alors, loin des préoccupations écologiques contemporaines, n'hésitant pas à abattre de larges pans de forêt pour constituer au mois de juin, avec l'arrivée de la chaleur, de nombreuses sitja ou carbonera (charbonnier).

L'opération consistait à creuser un triangle dans la terre, d'y apposer le bois fraîchement coupé recouvert de feuilles de pin et de genévrier. Une épaisse couche de terre s'élevant à plusieurs mètres de haut recouvrait le tout, encadré d'un mur de grosses pierres. On y mettait ensuite le feu par le bas, via une petite ouverture, pour que le bois se convertisse lentement en charbon, en prenant soin de ne pas laisser entrer trop d'oxygène, au risque de provoquer une combustion trop puissante et donc l'échec de l'opération.

Un expert carbonero surveillait le processus pendant parfois 15 jours d'affilée, dormant dans une petite cabane construite à côté pour l'occasion.

NAISSANCE ET MORT D'UN PETIT PARADIS

Au début des années 1970, aussi étonnant que celui puisse paraître, la Cala Vadella était le rendez-vous des aristocrates, magnats et autres riches plaisanciers, qui venaient participer à des banquets et y célébrer d'immenses fiestas jusqu'au petit matin. Ce petit coin de plage doit son glorieux passé jetset à un homme : Iwan Mihailovitch Boyadjiew, un industriel bulgare qui passait par ici, à bord de son yacht flambant neuf, dans les années 1950. En un coup d'œil, il saisit le potentiel du lieu et décide d'en acheter une partie avant d'y installer, en 1961, le siège de sa nouvelle société dédiée à la construction de chalets de vacances de luxe. 10 ans plus tard, une nouvelle route carrossable est construite entre la plage et Sant Josep, poussant Boyadjiew à ériger 3 complexes hôteliers de luxe et une discothèque on ne peut plus huppée alors : El Castillo.

A la belle saison, toute la haute société d'Europe se donnait rendez-vous sur la plage du magnat, qui accueillit en juin 1974, dans les jardins aux pelouses taillées à l'anglaise de son Palacio del placer, des défilés de mode du courant ibicenco Adlib tout juste émergent. Revers de fortune, un soir de 1975, un incendie se déclenche et emporte tout sur son passage en une seule nuit. Après les restaurations, artistes et mondains continuèrent de venir assister aux expositions et participer aux folles soirées, mais, à n'en point douter, l'âge d'or de la Cala était bel et bien révolu.

VISITE

CALA VADELLA

Plage de sable fin, abritée dans une crique, où les voiliers viennent mouiller. Le site est spectaculaire, il y a moins de monde qu'à la Cala d'Hort et il est plus aisé de vous y garer. Plage familiale.

BIG BLUE IBIZA
Cala Vadella
✆ +34 650 769 296
bigblueibiza.com
bigblueibiza@gmail.com
Le club Big Blue Ibiza, fort de plus de 30 ans d'expérience, propose des cours de plongée pour tous les niveaux ainsi qu'un service de location de matériel. Travaillant avec tous les principaux organismes de certification de plongée sous-marine, quelle que soit votre formation, votre trouverez un moniteur adéquat. On pourra aussi bien effectuer un baptême que suivre des formations ou simplement partir en expédition sous-marine depuis la plage ou en bateau (on accède ainsi à la zone d'Es Vedrá et Es Vedranell, mais aussi à d'autres coins de la côte ouest).

CALA MOLI ★

L'accès en voiture est facile à partir de Cala Vadella comme de Cala Tarida. C'est bien indiqué. En bas de la falaise, une autre plage tranquille, entourée de pins et de sabines, mais qui a parfois l'inconvénient d'être trop fréquentée le dimanche.

CALA TARIDA ★

A partir de Sant Josep, suivez les panneaux sur la gauche en direction de Sant Antoni, vers Cala Tarida, une jolie plage, peut-être un peu trop urbanisée. C'était, dit-on, la plus belle de toutes les plages d'Ibiza, car c'est l'une des plus grandes, avec du sable fin et blanc. Une petite presqu'île, occupée par un bar-restaurant, reste encore sympathique. Là, prenez la direction Cala Moli-Cala Vadella pour profiter de jolis points de vue sur la falaise et découvrir des plages. Elles sont toutes agréables et offrent au visiteur un bon choix de bars et de restaurants. De nombreux hôtels et appartements ont fait de ces plages, très tranquilles en hiver, des endroits trop fréquentés en été. Cependant, la beauté des sites a été préservée. Eaux turquoise et cristallines, nombreux panoramas.

ORCASUB IBIZA

Plage de Cala Tarida
Torrent de Sa Fontassa
À coté du Sensatori Ibiza Resort
✆ +34 971 806 307
www.orcasub.es
angel@orcasub.net
Fondé en 1994, Orcasub est un club de plongée professionnel proposant aussi des sorties snorkeling, initiation en douceur au monde sous-marin. La majorité des points d'immersion se

© JUERGEN SACK

Cala Tarida.

trouve dans la réserve naturelle de Es Vedrà, Vedranell e Islotes de Poniente. Orcasub est stratégiquement situé au centre de cette réserve, ce qui facilite les déplacements (10-15 min en moyenne). Les deux embarcations du centre peuvent accueillir 12 personnes. Le centre est autorisé à charger les bouteilles en Nitrox et Trimix et à effectuer les vérifications d'équipement.

CALA BASSA

Vous atteignez Cala Bassa et Cala Conta à partir du croisement en bas du village de Sant Agustí, à mi-chemin entre Sant Josep et Sant Antoni. Cala Bassa, très beau site entre les rochers, se remplit malheureusement en été d'une foule d'Anglais et d'Allemands, ce qui demande une bonne connaissance de ces pays si vous voulez vous y intégrer. Des chiringuitos et bars ouvrent en saison. Liaisons en bateau et bus avec Sant Antoni.

CALA BASSA BEACH CLUB – CBBC

Playa de Cala Bassa
✆ +34 971 342 661
www.cbbcibiza.com
info@calabassabeachclub.com
Ce luxueux Beach Club est installé sur un petit coin de plage privilégié de la Cala Bassa : plusieurs restaurants (méditerranéen, japonais, fusion...) et bars *lounge* où l'on sert de très bons cocktails et du champagne, des boutiques, un espace massage et soins du corps, des canapés et lits à baldaquin à même la plage et quelques activités aquatiques à prévoir comme le jet-ski, la banane et la navigation. Une adresse huppée qui n'est pas donnée.

IBIZA JET SKI BEACH

✆ +34 645 87 15 90
www.ibizajetskibeach.com
info@ibizajetskibeach.com
Située en bord de mer, la base d'Alejandro et Mauricio organise des excursions et des tours à la découverte de la côte ouest d'Ibiza. Différents circuits sont proposés pour s'approcher des sites d'exception dont regorge la zone, exclusivité en prime, car ils ne sont accessibles que par la mer ! Après le briefing sur la partie technique, les règles de base et la sécurité, en route pour explorer les fonds rocheux d'Es Vedrà et les plages cristallines voisines. Matériel de qualité des instructeurs aussi professionnels que consciencieux.

CALA COMTE

Sur la même route que Cala Bassa, mais en suivant tout droit après la bifurcation avec la précédente plage. Le paysage défile et devient sublime. Vous poursuivez tout droit, sur une route goudronnée, jusqu'à la falaise qui sert de parking. Celui-ci, d'une étendue considérable, indique l'affluence des visiteurs qui se répartissent entre les trois petites criques dans un paysage d'une beauté à couper le souffle. Avec de la chance, vous trouverez une place sur la pointe. De là, vous admirerez la majestueuse étendue bleue, avec en face l'îlot de Sa Conillera.

Une balade à pied au bout de l'autre falaise est possible à condition d'avoir des chaussures adéquates pour marcher sur les rochers. Vous atteignez une ancienne tour de guet (Torre d'en Rovira) à l'extrémité d'une avancée sur la mer. Les îlots en face sont S'Espartar, Ses Bledes, Sa Conillera, S'Illa des Vos.

TORRE D'EN ROVIRA

Accès à pied depuis Platges de Comte.

Aussi appelée tour du Comte, la Torre d'En Rovira est une tour qui a été construite en 1763 afin de protéger le littoral de l'arrivée des pirates méditerranéens. S'offrir une petite balade jusque là permettra de jouir d'un fantastique panorama sur les îlots de Sa Conillera, S'Espartar, S'Illa des Bosc et Ses Bledes. La promenade jusqu'à la tour dure environ 30 minutes depuis Platges de Comte. Pensez à prendre de bonnes chaussures et de quoi vous hydrater sur le chemin, en particulier en saison estivale : le soleil ne fait pas de cadeau !

PORT DES TORRENT

Autour de cette belle plage de 100 mètres de long, des constructions modernes obstruent le paysage et en haute saison, les touristes sont nombreux.

Ça donne un assez bon aperçu de ce que vous découvrirez un peu plus loin à Sant Antoni ! Juillet et août passés, Port des Torrent retrouve un peu de son calme. Pour y accéder, suivez la route en direction de Platges de Comte et Cala Bassa, après le croisement de Sant Agustí.

SA CONILLERA

L'île de Sa Conillera, entourée d'autres îlots plus ou moins grands, s'étend sur 3 km de longueur. Elle se distingue facilement. La promenade en bateau privé, au milieu des îles, est très pratiquée, mais il faudra y mettre le prix. Sinon, de nombreux bateaux au départ de San Antoni propose des excursions autour des plages et des îles du littoral ouest.

SANT ANTONI DE PORTMANY

Troisième ville de l'île (et à la seconde place sur le plan de la fréquentation touristique), Sant Antoni de Portmany est située à l'ouest d'Ibiza, dans la baie éponyme. La municipalité de Sant Antoni comprend les villages de Sant Antoni et ceux de Sant Rafel, de Santa Agnès et de Sant Mateu. Appelée Portus Magnus par les Romains, et plus tard Portmany par les Catalans, Sant Antoni a une longue histoire : une nécropole byzantine y est découverte en 1906-1907, en même temps que de nombreux objets de la même époque. La présence plus tardive des Arabes et ensuite des Catalans, des Turcs, des Algériens et même des corsaires anglais est prouvée.

« HALLUCINATION GENERATION » À SANT ANTONI

A la fin des années 1960, deux films de cinéma d'auteur furent tournés dans les environs de Sant Antoni, tous deux traitant des excès liés à la drogue. Si le premier, *More*, a fait carton plein et est devenu une référence anthologique de la culture hippie (grandement aidé par une bande-son signée Pink Floyd), l'autre n'a pas connu le même destin : *Hallucination Generation*, du prolifique cinéaste et compositeur américain Edward Mann, sorti en 1966, a totalement sombré dans l'oubli. Il faut dire que le sous-titre de l'affiche du film en dit long sur le contenu de l'œuvre : « le cirque psychédélique des beatniks, des dérangés et des addicts à l'acide ».

Moderne et en pleine expansion, c'est la municipalité touristique la plus connue. Le Passeig Marítim, qui a donné son nom à ce quartier bien boisé et arboré de palmiers, abrite bon nombre de terrasses estivales pour tous les goûts et tous les porte-monnaie. Les passants et les promeneurs se baladent jusqu'au monument L'Ou de Colom (l'Œuf de Colomb), le rond-point typique qui est l'endroit de tous les rendez-vous, ou alors à travers le Passeig de les Fonts (fontaines), qui décorent la grande zone piétonne bordant le port de plaisance. Ici se trouvent non seulement les bateaux privés du club nautique, mais aussi les navettes qui desservent les plages environnantes. Elles proposent des balades maritimes de jour comme de nuit, en plus d'un service journalier vers les hôtels de la Bahia, le quartier juste en face. En été, le soir, le quartier est très animé : concerts en plein air et stands d'expositions artisanales, qui facilitent l'achat des souvenirs de l'île.

La ville de Sant Antoni monte doucement vers les collines, traverse deux quartiers (West End et celui de l'église) pour redescendre à nouveau vers la mer avec le quartier d'Es Caló des Moro. Les constructions et maisons traditionnelles se tassent dans des ruelles autour de l'église paroissiale du XIVe siècle et de style ibizien. Elle possède un grand intérêt architectural, malheureusement caché. Les constructions modernes, dues au développement massif du tourisme, envahissent quant à elles toute la baie. D'ailleurs, en été, vous n'entendrez pratiquement pas parler espagnol, car vous êtes dans le fief des touristes anglais attirés par les prix low cost et les formules *all inclusive*. Pour une véritable découverte de l'identité de Sant Antoni et ses environs, nous conseillons d'éviter les mois de juillet, août voire septembre et pourquoi pas s'y rendre entre octobre et juin, moment où la ville retrouve sa tranquillité, idéal pour la pratique du cyclotourisme, du kayak, des randonnées... Il est intéressant de noter également que, malgré le nombre d'établissements fermés, les préférés des locaux, eux, restent ouverts en hiver et proposent des routes gastronomiques, oenologiques...

SANT ANTONI DE PORTMANY

Cala Gració
Caló des Moro
Calle Lope de Vega
Calle de Johann Sebastian Bach
Centre de soins
Calle d'Alacant
Calle de Menéndez Pidal
Calle Mossen
C. de Jaume 1
Ribas I Ferrer
Calle de Velázquez
Av. d'isidor Macabich
Calle de Catalunya
C. Barcelona
C. Valencia
C. del Progrés
Calle de Ramón Y Cajal
C. de
C. de Ponent
C. de La
C. d.
Alacant
Calle de Cervantes
Calle de La Soledat
C. de Cervantes
Cami General
Stade
Calle de
ses variades
Punta
es Gànguli
C. de Sant Rafel
C. de L'estrella
Poste
C. Bartomeu Vicent
C. D'antoni Riquer
C. Rossell
Calle Ample
C. del Bisbe
Station de bus
C. General Prim
Calle de Madrid
C. de Vara de Rey
C. del Progrés
C. D'alemanya
C.
de
Sant Antoni
Plaça d'Espanya
C. del General Balanzat
C. de La Mar
C. de Santa Agnès
Information touristique
Av. de Portmany
Calle des Far
Pg. de Ses Fonts
Pg. de La Mar
Av. Doctor Fleming
es Regueró
Playa de
S'arenal
Sant Josep de sa Talaia
Baie de Portmany
Punta des Molí
Playa des Pinet
Camides Molí
Playa des Pouet
Playa
des Serral
s'Estanyol
C. des Vedranell
Calle del Pi
C. del Retir
Calle Vista Bella
Gottaredona
Calle General
Calle Bonanova
C. del Solivent
C. Encant
Calle de Cala de Bou
Calle de Badajoz
Calle de Burgos
C. D'albacete
Calle de Cantábria
Av. de Sant Agustí

Pratique

ESTACIÓ NÀUTICA SANT ANTONI I SANT JOSEP

Passeig Ses Fonts, 1
Office de tourisme de Sant Antoni
✆ +34 666 508 717

Installé le long de la baie de Sant Antoni, cet organisme public-privé spécialisé dans le tourisme actif – maritime et terrestre – et couvrant le territoire de l'ouest et du sud de l'île rassemble à peu près 150 entreprises impliquées dans le tourisme. L'offre proposée par la station est donc très vaste : services de water-taxi, sports nautiques et aquatiques, locations de véhicules en tout genre, excursions guidées, hôtels et logements, restauration, et bien d'autres choses encore…

OFFICE DE TOURISME DE SANT ANTONI

Passeig de Ses Fonts, 1
✆ +34 971 343 363
www.santantoni.net
turisme@santantoni.net

Installé dans les nouveaux locaux de la mairie, face au port, l'office de tourisme de Sant Antoni de Portmany abrite nombre de documents, cartes, plans et infos intéressantes permettant de profiter au mieux des attraits de la ville mais aussi de toute la région ouest d'Ibiza. Le personnel de l'office de tourisme s'avère compétent et très à l'écoute. N'hésitez pas à poser des questions, on se fera ici un plaisir de vous rendre la vie plus facile !

À voir – À faire

CAFÉ DEL MAR

Vara de Rey, 27 ✆ +34 971 342 516
www.cafedelmarmusic.com
info@cafedelmarmusic.com

Un des deux endroits « in » de Sant Antoni pour admirer les couchers de soleil. Fréquenté par tous et de tous les âges, ce café est réputé pour sa terrasse face à la mer. Mais sans aucun doute, la renommée mondiale de ce bar est liée à la musique produite sur place, dans une ambiance house soft tendance new age, aux décibels égalant presque ceux des boîtes. Leurs compilations sont distribuées partout en Europe. La décoration très originale, bleue et rose avec des nuages, donne l'illusion d'être dans un rêve ou dans une immense meringue.

SUNSET À SANT ANTONI

Même si vous êtes réfractaire à tout effet de masse et que vous préférez aller à contre-courant, le coucher de soleil de Sant Antoni, dans l'un des bars de cette petite plage est incontournable, comme le Café del Mar, mondialement connu. La foule se retrouvant autour d'un verre entre amis et attendant ce fameux coucher dans une ambiance musicale est un spectacle envoûtant et l'on découvre vite la satisfaction de faire comme tout le monde. On se prépare à voir quelque chose de magique. Le ciel rougit, on trépigne. Le soleil disparaît derrière les petites îles, quelques secondes de silence et des applaudissements récompensent cette prestation. Ensuite, chacun reprend sa conversation et son chemin.

VERSION NUMÉRIQUE
OFFERTE
Obtenez votre guide numérique en scannant le QR code
ou rendez-vous sur le site
www.ebookfute.com
avec le code avantage
X86RFT
petit futé
CARNET DE VOYAGE
IBIZA
OFFRE VALABLE JUSQU'À L'ARRÊT DE COMMERCIALISATION DU TITRE EN FRANCE MÉTROPOLITAINE ET DANS LE MONDE ET SOUS RÉSERVE QUE LE NOMBRE DE TÉLÉCHARGEMENTS SOIT INFÉRIEUR OU ÉGAL AU NOMBRE D'EXEMPLAIRES DE GUIDES PAPIER IMPRIMÉS. FORMATS DISPONIBLES POUR SMARTPHONES, TABLETTES, LISEUSES ET ORDINATEURS PC OU MAC.
© PERFECTLAB - SHUTTERSTOCK.COM

CHAPELLE SOUTERRAINE DE SANTA AGNES

Carretera de Santa Agnès, km 0,6
A 2 km du centre de Sant Antoni, sur la route en direction de Santa Agnès. La chapelle se trouve juste à côté du restaurant Sa Capella.
On trouve ce petit temple à un kilomètre et demi de la commune de Sant Antoni de Portmany : déclarée monument national, cette chapelle souterraine est le lieu de culte chrétien le plus ancien de l'île. Elle se compose d'une petite nef de base rectangulaire séparée du presbytère où se dresse un autel. Lorsque cette chapelle a été découverte en 1907 dans la grotte de Santa Agnès, on y trouva des pièces de céramique arabe, laissant penser que le lieu ait pu servir à d'autres cultes.

ÉGLISE DE SANT ANTONI

Plaça de l'Església, 1
✆ +34 971 340 865
Après la cathédrale d'Ibiza, l'église de Sant Antoni est la plus ancienne construction religieuse de l'île. Edifiée à partir du XIVe siècle sur une petite colline près du port puis remaniée au XVIe siècle puis à nouveau au siècle suivant, elle est représentative du style traditionnel d'Ibiza, avec ses murs épais et sa tour de défense. La cour intérieure avec ses bancs qui entourent les oliviers est un havre de paix au milieu d'une ville turbulente, où se retrouvent les paroissiens pour discuter à la sortie de la messe. La fête paroissiale a lieu le 17 janvier.

ES PARADIS

Carrer Salvador Espriu, 20
✆ +34 971 346 600
www.esparadis.com
info@esparadis.com
Ouverte en 1975 par le propriétaire du célèbre Café del Mar, cette boîte a toujours su rester à la page et attirer un grand nombre de noctambules. Le cadre est assez surprenant, avec une déco qui évoque à la fois les tropiques, Miami et l'Egypte. Tous les vendredis lors de la

Fontaine à Sant Antoni.

L'ŒUF DE COLOMB

Durant de nombreux siècles, l'Italie, le Portugal et l'Espagne ont prétendu que Christophe Colomb (Colón en espagnol) avait vu le jour dans leur pays. Par manque de preuves et d'archives, personne n'a pour le moment réussi à le démontrer, mais la naissance de l'explorateur est désormais attribuée à la ville italienne de Gênes. Néanmoins, la persévérance de quelques historiens aura réussi à démontrer que la mère de Christophe Colomb parlait le catalan (et non pas le castillan), et que le navigateur aurait accosté aux îles Baléares, au moins sur l'île d'Ibiza ; El Huevo de Colòn de San Antonio est présent pour nous le rappeler. Cet œuf est le résultat d'une petite anecdote : Colomb, raillé de ne pas avoir trouvé les Indes, défie plusieurs personnes de réussir à faire tenir un œuf dur debout. Personne n'y arrive, et lorsque c'est à son tour d'essayer, il l'attrape sur la table, brise légèrement la coquille, et l'œuf tient parfaitement droit. Un dicton espagnol provient de cette histoire, et l'expression *como el huevo de Colón*, signifiant « comme l'œuf de Colón », est désormais une expression populaire qui décrit quelque chose qui semble très difficile à réaliser, mais qui paraît vraiment simple et évident une fois que l'on sait comment s'y prendre.

water party, ou *fiesta del agua*, la piste de danse se transforme en une véritable piscine avec de l'eau jusqu'à la taille. Côté ambiance, Es Paradis est plutôt fréquentée par les jeunes vacanciers de Sant Antoni, elle est donc beaucoup moins classe que les autres boîtes de l'île.

PEINTURES RUPESTRES DE SA COVA DES VI

En direction de Santa Agnès, puis celle de Cala Salada.
Dans le dernier virage à gauche avant la plage, suivre le chemin de terre à droite sur environ 5 km.

La grotte nommée Sa Cova des Vi, située à 50 mètres au-dessus du niveau de la mer, fut découverte en 1917 par l'archéologue français Henri Breuil. L'accès en est compliqué, il faut donc prévoir de bonnes chaussures, mais le panorama sur la baie de Sant Antoni et le littoral de Cala Salada est somptueux. Selon les dernières études, on estime que les peintures rupestres qu'elle abrite dateraient de l'époque punique, celle de la civilisation carthaginoise.

PUNTA GALERA

Depuis Sant Antoni, suivez la route en direction de Santa Agnès, puis tournez sur la gauche en direction de Cala Salada. Avant d'arriver à la plage, vous verrez une zone résidentielle : laissez votre voiture tout au bout puis rejoignez le site à pied.

Situé à 4 km de Sant Antoni, ce petit cap autour de Cala Salada compose un paysage de toute beauté. Les roches lisses sculptées en terrasses de plusieurs niveaux sont le paradis des nudistes qui viennent y poser leur serviette et profiter des eaux cristallines de la mer.

L'absence de signalétique ainsi que celle de plage à proprement parler permettent à ce petit coin de paradis de ne pas souffrir d'une fréquentation excessive. Ici, le silence est de mise, ce qui attire un grand nombre de pratiquants de yoga et de shiatsu. Un petit bijou en somme !

Sports - Détente - Loisirs

ES NAUTIC DE SANT ANTONI

Passeig Marítim ✆ +34 971 340 645
www.esnautic.com
info@esnautic.com
Le club Es Nautic de Sant Antoni, fondé en 1973, a été entièrement rénové en 2013. Le club propose un large éventail d'activités qui saura satisfaire tous les passionnés de la mer. Apportant sa forte contribution au dynamisme de la ville, il comprend sa propre académie nautique dans laquelle sont proposés des programmes visant à obtenir divers diplômes de navigation. Des activités sportives telles que le kayak, le paddle et la voile sont également disponibles. Pour plus de détails, se renseigner auprès du club ou de l'office de tourisme.

IBIZA KARTING

Carretera Ibiza-Sant Antoni, km 14
✆ +34 971 343 805
www.ibizakarting.com
Ibiza Karting est une piste de karting pour adultes comme pour enfants ouverte tout au long de l'été (de nuit également), installée à l'extérieur de la ville qui ravira les amateurs de sensations fortes. Grâce à des machines Standard Protex Karting (des petites motos sont également disponibles), la sécurité est assurée et le système de chronométrage électronique permet de suivre à la seconde près vos performances. Signalons également sur place un café-bar proposant des plats snacks simples, une piscine et une aire de jeux pour enfants (avec trampoline).

SUP PARADISE IBIZA

Club Nàutic Sant Antoni
Jetée num. 15 ✆ +34 666 255 803
www.supparadiseibiza.com
info@supparadiseibiza.com
Depuis 2011, Ruben, pionnier du stand-up paddle à Ibiza, propose des sorties autour de l'île. Expert navigateur et fin connaisseur de sa terre natale, il vous accompagne vers les plages et criques les plus belles en toute sécurité. Le tour commence par une promenade maritime jusqu'à l'arrivée au point de départ et après quelques instructions basiques, on sort la planche et la pagaie, pour découvrir des endroits inaccessibles à pied. Une pause repas permet de s'essayer au snorkeling. Location de matériel sur plusieurs jours également.

Visites guidées

CAPITÁN NEMO

Départs au port de Sant Antoni
✆ +34 696 222 896
www.nautilusibiza.com
Fondée il y a plus de 25 ans, l'agence d'excursions marines Capitán Nemo s'est imposée comme une référence dans le domaine. Elle propose notamment des excursions de deux heures et demie en bateau à fond de verre pour observer les fonds marins, avec bien sûr des escales pour se baigner ! L'excursion dans l'ouest de l'île permet notamment d'admirer Cala Bassa, Cala Comte, Cala Vadella, Cala d'Hort et les îlots d'Es Vedrà et Sa Conillera. Trois formules sont à la carte : sortie de 2h30, 4h (Es Vedra) ou 5h (Cala Bassa et Cala Comte).

Plage de Cala Salada.

© LUNAMARINA

Bateau dans la baie de Sant Antoni.

ULISES CAT IBIZA

Edificio Tanit
c/ General Balanzat nº 3
local 30
✆ +34 971 341 274
www.barcolbIzaformentera.com/es
ulisesibiza@gmail.com

Entreprise familiale installée à Sant Antoni depuis plus de 30 ans, Ulises Cat Ibiza propose des excursions en bateaux entre Ibiza et Formentera. Les deux vastes catamarans, équipés d'un sol transparent permettant de voir les fonds marins en toute limpidité, accueillent des petits groupes pour des excursions « tout inclus ». Le rendez-vous se trouve à Platja d'En Bossa (carrer de Sa Punta, 1) puis la journée commence. Bar, terrasse, espace *chill-out*, restauration à bord et toboggans, tout y est. Ne reste qu'à enfiler masque et tuba et partir en exploration !

Shopping

D'abord le mercat de Clot-Marés, entre les rues Progreso et Mallorca, pour tout achat de nourriture et pour son ambiance espagnole (plus intéressante que le petit supermarché du coin). Au centre-ville, nombreux magasins de souvenirs et d'artisanat, dont les prix sont moins élevés qu'à Eivissa.

CAN RICH

Camí de Sa Vorera
Maison Can Rich
✆ +34 971 803 377
www.bodegascanrich.com
info@bodegascanrich.com

Située à 3 km de Sant Antoni, Can Rich, qui a présenté sa première production viticole en 2000, est la plus grande bodega de l'île et fait partie (avec 3 autres bodegas productrices de vin du cru) du label « Vino de la Tierra de Ibiza ». Dans ce domaine de plus de 40 hectares, on élabore du vin et de l'huile d'olive 100 % écologique, ainsi que les *hierbas Ibicencas*, la liqueur typique d'Ibiza.

La visite de cette bodega permettra d'en apprendre davantage sur le processus de fabrication du vin ainsi que sur les mœurs rurales d'Ibiza. Prévoyez quelques emplettes !

CARNES MARCH
Carrer Rosell, 16
✆ +34 971 341 087
www.carnesmarch.com
info@carnesmarch.com
Une épicerie fine de qualité pour faire vos provisions en produits locaux ou de la péninsule : vins d'Ibiza, huile d'olive écologique, *sobrassada*, jambon bellota, etc. Fondée en 1965 par Vicente Roselló, cette enseigne était alors la première boucherie de Sant Antony de Portmany. Tenue par la même famille depuis trois générations, les petits-enfants de Vincente sont devenus éleveurs, prenant soin de leurs propres troupeaux de vaches et de porcs dans leur ferme nommée la Cigüeña Negra. Deux autres boutiques sur l'île (Eivissa et Sant Llorenç).

Autre adresse : Mercat Nou d'Ibiza.

Dans les environs

Suivez en direction du nord la route indiquée depuis le centre de Sant Antoni vers Cala Salada, en dépassant la plage de Cala Gració, trop fréquentée et trop proche de la ville (à 2 km de Sant Antoni) ; même chose pour Cala Gracioneta qui reste une très jolie calanque. Tous les chemins sur la gauche conduisent à la mer et aux falaises. Les points de vue superbes se multiplient.
Bien indiquée, Cala Salada mérite une petite visite pour son site et pour la Punta Galera, dont les rochers plats au bord de l'eau raviront les adeptes du bronzage tranquille mais inconfortable, et les pêcheurs à la ligne.

Les plus courageux pourront prendre, à partir de Cala Salada, un petit chemin conduisant au cap Nuno (258 m). Ils découvriront alors l'entrée de la grotte préhistorique de Ses Fontanelles.
Au retour, la route de Santa Agnès devient plus déserte et traverse le secteur protégé d'Els Amunts, avant d'arriver à la plaine de la Corona. La meilleure époque pour faire ce parcours est le début du mois de février, quand la vallée se couvre d'amandiers en fleur.
La route de Sant Miquel à Sant Antoni, en passant par Sant Mateu et Santa Agnès, est magnifique. Ici, le cœur de l'île nous dévoile l'« Ibiza d'avant » : une vieille dame vêtue de noir ramassant ses olives ou ses amandes, un homme gardant son troupeau… On est loin du « m'as-tu-vu », du bruit, des touristes… C'est ici une autre Ibiza, celle qu'on oublie souvent, celle d'il y a encore moins de 20 ans, mais qui existe toujours, dans quelques endroits préservés.

Bateau à vision sous-marine.

L'EST

Touristique et familiale, Santa Eulària (en castillan, Santa Eulalia) est la principale ville de l'est d'Ibiza. A quelques kilomètres, Es Canar attire chaque semaine des milliers de touristes pour son marché hippie. Mais les amateurs d'authenticité préféreront le marché de Sant Carles, petit village au charme certain. Pour profiter de la plage, l'est d'Ibiza est l'un des meilleurs coins de l'île. En effet, la commune de Santa Eulària abrite une vingtaine de plages et de criques de toute beauté.

CALA LLONGA

Plutôt touristique et entourée de nombreux hôtels, cette jolie petite baie encastrée mérite néanmoins le détour le temps d'un après-midi, en dehors des fortes fréquentations de la haute saison. Cala Llonga se situe à environ 5 km de Santa Eulària (la route est bien indiquée).

La plage est bordée de collines verdoyantes couvertes de denses pinèdes et de constructions blanches. L'eau très claire et très peu profonde est idéale pour la baignade des enfants. Une aire de jeux a d'ailleurs été installée sous les pins au bout de la plage, de quoi divertir les plus petits. Des transats et des parasols sont à louer sur place (payants).

Le parking de la plage est payant lui aussi mais vous pouvez vous garer gratuitement dans les ruelles des alentours. Commerces, bars et restaurants se sont installés tout autour de cette plage très construite, mais animée, où l'on viendra également pratiquer tout un panel d'activités nautiques.

LES IMMANQUABLES DE L'EST

- **Une balade dans la vieille ville de Santa Eulària** dominée par son église fortifiée du XVIe siècle, érigée sur le Puig d'en Missa.
- **Déguster un verre d'Hierbas Ibicencas** artisanales dans l'ambiance locale du Bar Anita, à Sant Carles.
- **Flâner dans les étals du marché Las Dalias** à Sant Carles et se laisser porter par l'effervescence du lieu.
- **Buller avec son masque et son tuba** dans les eaux cristallines et turquoise des alentours de Sant Carles.
- **Se délecter d'un poisson frais ou d'une paella** dans les restaurants du bord de mer.

DANS LES ALENTOURS DE CALA LLONGA

Depuis Cala Llonga, en continuant vers le sud pendant environ 5 kilomètres, on arrive à Cala Olivera, une toute petite crique vierge de sable et de cailloux cernée de roches et de pinèdes (il faut tourner à gauche après le golf). Elle fait partie de l'urbanisation Roca Llisa. La plage est généralement bordée de posidonies séchées et l'eau y est teintée d'émeraude et cristalline. Un chiringuito s'est installé à l'arrière de la crique. Mieux vaut arriver tôt en été pour avoir une place où poser sa serviette. D'autre part, la crique est aussi un bon spot pour faire du snorkeling.

SANTA EULÀRIA DES RIU ★

A la différence de Cala Llonga ou d'Es Canar, Santa Eulària a une histoire et un patrimoine, et elle vit aussi hors saison quand les visiteurs ont quitté les lieux. Bref, cette ville a une âme ! Peu étendue, c'est certainement la plus familiale de toute l'île, mais aussi la plus animée en hiver. Située à l'est, à 15 km du centre d'Ibiza, Santa Eulària des Riu est une ville de 36 189 habitants, divisée en trois zones ou quartiers :

- **La vieille ville de Santa Eulària** – tout comme son église fortifiée du XVIe siècle – est bâtie sur une colline : le Puig d'en Missa. Tout ce quartier, cerné par une rue qui la serpente, est empierré. Les maisons cossues se cachent derrière leurs murs et leurs denses haies. Au sommet trône l'église, simple et blanche. A ne pas manquer : la promenade par les petits escaliers, le soir venu. Toute l'île scintille à l'horizon... c'est magique !

Front de mer de Santa Eulària des Riu.

LA LÉGENDE DES FAMELIARS

Selon la légende, il existerait du côté de Santa Eulària des petits êtres particulièrement laids doués d'une force de travail absolument stupéfiante : les fameliars. Pour en capturer un, il faut se rendre sous le Vieux Pont de Santa Eulària, équipé d'une bouteille noire dans laquelle on aura préalablement versé un peu d'eau bénite, et de cueillir une fleur scintillante qui n'apparaît qu'en ce lieu, la nuit précédant la fête de la Saint-Jean uniquement, pour l'introduire dans le récipient. Quelque temps plus tard, un fameliar y naît, que le propriétaire peut libérer à volonté en s'assurant de pouvoir assouvir l'appétit féroce de ce petit être devenu son serviteur, à savoir, lui fournir en colossales quantités du travail ou de la nourriture. Car, à peine sorti de la bouteille, le fameliar réclame bestialement « Feina o menjar ! » (« travail ou nourriture ») et ne se calme qu'une fois l'une de ses deux requêtes satisfaites. Dans le cas où le maître du fameliar se trouve dans l'incapacité de lui procurer une masse de travail à la hauteur de sa force, le fameliar dévore l'intégralité du garde-manger.
L'unique solution pour éviter une telle calamité serait de demander au petit être d'accomplir une tâche impossible. Le long de la rivière de Santa Eulària serpente un petit chemin le long duquel on pourra croiser quelques fameliars... statufiés !

- **La seconde partie de la ville** est constituée par la plaça España et la carrer Sant Vicent. Quand les touristes sont là, de juin à septembre, le quartier est vraiment très animé. Pour plus de tranquillité, la carrer Sant Vicent devient même piétonne.

- **Enfin, il y a le port de plaisance** (Puerto Deportivo) et la plage, tous deux mitoyens. Le premier ressemble à un petit village. La circulation automobile y est réglementée.
De nombreuses boutiques d'accastillage et d'équipement s'y sont installées afin de répondre aux besoins des dizaines de plaisanciers à quai. On y trouve aussi de nombreuses bonnes tables et une ambiance très spéciale créée par ce microcosme marin. Juste à côté : la plage, et son beau front de mer ombragé par les palmiers. Le sable y est blanc et s'étire sur 200 mètres. La balade sur le passage maritime est très agréable le soir. Notez également que les amateurs de golf pourront pratiquer leur sport favori dans l'unique parcours d'Ibiza installé sur la route en direction de Cala Llonga.

Pratique

Argent

Les banques se trouvent pour la plupart le long de la rue San Jaime et sont ouvertes de 9h à 14h du lundi au vendredi et de 9h à 13h le samedi.

SANTA EULÀRIA DES RIU

À voir – À faire

ÉGLISE DE SANTA EULÀRIA (PUIG DE MISSA) ★

Puig de Missa
✆ +34 971 330 072

L'église de la ville, qu'elle domine depuis le Puig de Missa, a été érigée au XVIe siècle, en même temps que la tour semi-circulaire qui lui sert d'annexe. Ce remarquable ensemble architectural, que vous pouvez contourner à pied, enclot le petit cimetière en escalier tout aussi remarquable. Le site offre une belle vue sur la ville nouvelle, les collines voisines, la côte et la mer. La fête paroissiale a lieu le 12 février, jour de la Sainte-Eulalie.

MUSÉE ETHNOGRAPHIQUE DU PUIG DE MISSA

Can Ros des Puig de Missa
✆ +34 971 332 845

Cette splendide maison ibizienne, située sur le Puig de Misa, abrite une grande et intéressante collection d'objets populaires – allant des vêtements aux bijoux en passant par des objets ménagers et des instruments de musique – ainsi que la collection des œuvres du peintre impressionniste Laureà Barrau i Buñol, que la luminosité de Santa Eulària avait tant séduit. Vieille de plus de 300 ans, la maison de Can Ros est un magnifique exemple de la culture rurale d'Ibiza.

Sports – Détente – Loisirs

Sports – Loisirs

DIVE STAR IBIZA

Platja de Cala Martina
✆ +34 971 33 67 26
www.divestar-ibiza.com
info@divestar-ibiza.com

Le centre de plongée (Padi Dive Resort 5*) est idéalement situé sur la plage. Il est parfaitement équipé avec du matériel récent et bien entretenu. Une situation idéale pour explorer la vingtaine de spots que l'équipe vous proposera de découvrir. Ils sont tous situés à vingt minutes en

Église de Santa Eulària.

© JULIEN HARDY – AUTHOR'S IMAGE

Front de mer de Santa Eulària des Riu.

bateau. Un des must est de découvrir l'épave du Don Pedro, à réserver aux plongeurs expérimentés. Côté confort du plongeur, difficile de faire mieux, avec des douches chaudes, des coffres individuels pour déposer ses affaires et beaucoup d'espace pour se détendre, après la plongée.

DIVING CENTER CALA PADA

Plage de Cala Pada, Can Curreu
Avinguda de Cala Pada
✆ +34 971 330755
www.diving-ibiza.com
info@diving-ibiza.com
Ce centre germanophone est le seul centre de plongée allemand à disposer d'un permis pour s'immerger dans la réserve marine. Il est certifié par l'UE ce qui garantit un haut niveau de sécurité et de qualité. Parmi ses prestations, le Diving Center Cala Pada propose de plonger sur le Don Pedro (plongeurs*** seulement), sur le site de Dado Pequeno, l'un des plus beaux sites d'Ibiza et bien d'autres choses encore. Notez que Tina et Jogi Theuerjahr dirigent ce centre depuis plus de trente ans. Voilà de quoi expliquer cette ambiance familiale.

GO-KARTS SANTA EULALIA

Carretera Ibiza-Santa Eulària, Km 6
✆ +34 971 317 744
www.gokartssantaeulalia.com
info@gokartssantaeulalia.com
Bonne piste en asphalte avec dénivelé et courbe en bas, ce circuit de karting ravira les amateurs de vitesse. En magasin, des bolides de 200 à 400 chevaux (modèle Kart Speedy Honda), mais aussi des modèles moins rapides mieux adaptés aux débutants et aux enfants. Pour les plus petits justement, une piste séparée accueille le baby kart. Et pour ceux qui ne roulent pas, tout est prévu : billard, baby-foot… Le tout en plein air ! Une adresse sympa pour un après-midi en famille ou entre amis. La sécurité est au rendez-vous... tout comme les sensations fortes !

GOLF IBIZA

Carretera Jesús-Cala Llonga
✆ +34 971 196 052
www.golfibiza.com

Situé sur la route qui longe la mer entre Santa Eulària et Ibiza, ce golf select et géré par la chaîne hôtelière de luxe azuLineshotels est réputé pour son degré de difficulté élevé. Le parcours est encaissé dans un étroit vallon descendant vers la mer. C'est le seul golf de l'île. A noter qu'il est possible de souscrire à une formule hôtel+accès au golf, voire même de l'agrémenter d'un pack d'un certain nombre d'heures de cours d'apprentissage (ou de perfectionnement pour les initiés). Très beau site qui séduira les amateurs de swing !

KANDANI – LOCATION DE VÉLO ET TOURS

C/ de Cèsar Puget Riquer, 27
✆ +34 971 339 264
www.kandani.es/fr
info@kandani.es

Cette agence dispose d'une flotte de plus de 200 vélos de tous types disponibles à la location, ainsi qu'un large panel d'équipements de cyclisme. Outre la livraison à domicile du vélo de location, on aime les excursions organisées par l'agence suivant plusieurs itinéraires et accessibles à tous niveaux. On pourra par exemple faire le tour de l'île à vélo avec un guide (8 heures) ou partir explorer le nord-est de l'île en famille en VTT, depuis la localité de Santa Eulària (2 heures).

NAUTICA SANTA EULALIA

Port Esportiu de Santa Eulària del Riu
✆ +34 971 339 472
www.nauticasantaeulalia.es
nautica@nauticasantaeulalia.es

Agence de location et vente de bateaux et d'amarrages (de 8 et 18 mètres) fondée en 1990. Elle est dotée d'un atelier de stockage et de réparation, ainsi que d'un magasin d'équipements pour bateaux.

Shopping

Beaucoup de magasins divers et variés en ville, notamment de céramique. A noter le caviste de la calle San Vicente. Dans les rayons, beaucoup de whiskies et un très grand choix de vins, champagnes et autres alcools, à prix raisonnables.

BODEGA MARÍ

Carrer Sant Vicent, 24
✆ +34 971 330 665

Cet ancien *colmado* (épicerie) typique et bien connu du centre de Santa Eulària, fondé en 1967 par José Mari Palau et aujourd'hui tenu par sa fille Margarita, a été transformé en petite boutique de produits traditionnels d'Ibiza proposant une vaste sélection de vins et de liqueurs, dont les fameuses *hierbas ibicencas*. Vous y trouverez aussi quelques produits typiques d'Ibiza, comme le sel de Ses Salines et de l'huile d'olive locale. Une adresse shopping authentique et pour gourmets où l'on trouvera de très bonnes idées cadeaux !

LA CASA DE LOS IBERICOS

Carrer Sant Vicent, 55
✆ +34 971 807 096

Cette épicerie fine est spécialisée dans la vente de jambon et de charcuterie ibérique, de vins et d'huile d'olive des Baléares, ainsi que de fromage d'Ibiza. On peut donc y faire ses provisions, mais aussi tester avant d'acheter : les gros tonneaux installés devant la boutique, dans la rue animée de Sant

Vicent, offrent un emplacement parfait pour un petit apéro ! Optez donc pour une ration de jambon découpée sur le moment par Jero, véritable expert en la matière, et laissez-vous conseiller pour le vin. Adresse recommandée !

ES CANAR

Station balnéaire prisée par les Allemands et les anglophones, Es Canar est célèbre pour son marché hippie (tous les mercredis d'avril à octobre). Dans les petites rues bétonnées de l'hôtel club Punta Arabi, des centaines d'étalages proposent des marchandises en tout genre. Bien qu'il soit le plus important de l'île, il a perdu de son authenticité pour répondre à des attentes apparemment plus touristiques. Vous n'aurez aucun mal à vous y rendre en bus, et la plupart des hôtels proposent une excursion, souvent chère car ce n'est en fait que le trajet en bus qui est compris. Si le marché ne vous intéresse pas, vous préférerez peut-être une escapade sur l'une des jolies plages des alentours. Le soir, les hôtels, bars et restaurants assurent une ambiance festive.

CALA MARTINA

Jolie plage de sable fin située à 2 kilomètres au sud d'Es Canar où il est notamment possible de louer chaises longues et parasols. On pourra par ailleurs pratiquer tout un panel d'activités nautiques depuis la plage. Le site est notamment très apprécié des véliplanchistes qui n'hésitent pas à sortir la planche à voile dès que le vent le permet. Notons qu'il y a également une école de plongée sur place. Agréable *chiringuito* où l'on ira volontiers se désaltérer. Possibilité de belles balades par le sentier qui part sur la droite de la plage.

CALA NOVA

La Cala Nova se trouve à environ un kilomètre au nord d'Es Canar. Il s'agit d'une plage de sable fin bordée d'eau turquoise et cristalline, tranquille, bien qu'assez fréquentée par les touristes qui logent dans les hôtels des alentours. Elle est entourée de roches et de pinèdes, et ses eaux peu profondes sont idéales pour la baignade des enfants. Parasols et chaises longues sont à louer sur place. Restaurants et *chiringuitos* permettent de s'y restaurer. Attention, la plage est parfois sujette au courant, surveillez les drapeaux !

DIVESTAR IBIZA

Cala Martina ✆ +34 971 336 726
www.divestar-ibiza.com
L'équipe de Divestar Ibiza propose des cours et des baptêmes de plongée au départ de la Cala Martina, une plage touristique et assez urbanisée, mais dont les fonds marins sont d'une grande richesse. Le centre dispose également d'un bateau équipé de tout le nécessaire pour aller explorer d'autres zones de la côte Est en faisant des bulles ! Pour ceux qui ont déjà du grade dans le monde de la plongée, Divestar propose des cours de perfectionnement variées : plongée de nuit, en grottes, en épaves, photographie sous-marine, deep diving...

HIPPY MARKET PUNTA ARABÍ ★

Avinguda Punta Arabí, s/n
✆ +34 971 33 82 09
www.hippymarket.info
hippymarket@azulinehotels.com

© LUNAMARINA

Mouillage à Es Canar.

Marché hippie Punta Arabí.

Depuis 1973, ce marché hippie considéré comme le plus ancien et le plus grand de l'île propose de l'artisanat, des bijoux, des objets de décoration, de l'art africain, des vêtements Adlib, etc. Le marché s'organise dans les allées du Club Punta Arabí, où sont installés plus de 500 stands ainsi que des restaurants. Le midi (13h30-15h30) vous pourrez y goûter une *paella* faite maison. L'après-midi, des concerts sont programmés à l'intérieur d'un chapiteau. Zone de jeux pour enfants avec ateliers et activités. Escale conseillée pour sa bonne ambiance.

SANT CARLES DE PERALTA ★★

Seulement quelques kilomètres séparent Santa Eulària de Sant Carles. Il est préférable de prévoir d'y déjeuner pour découvrir ce village. Le marché hippie de Las Dalias, tous les samedis, est très prisé ; des dizaines de points de vente proposent de l'artisanat, des instruments de musique… C'est, selon nous, le marché hippie le plus intéressant de l'île. Si vous pouvez choisir, préférez celui-ci à celui d'Es Canar. Certes, il y a presque autant de touristes, mais le marché de Sant Carles nous a semblé plus typique et chaleureux. En effet, le propriétaire des lieux choisit lui-même en début de saison qui pourra avoir un stand ou non, manière de favoriser la diversité des produits.

Sant Carles conserve sa tranquillité d'antan autour de son église du XVIIIe siècle, au centre du village, blanche et vaste. Il fait bon venir se mettre au frais sous ses vastes voûtes devant l'entrée ou sur une terrasse ombragée. Quelques maisons ont gardé leur cachet local, mais la plupart sont de construction récente. On imagine bien l'Ibiza d'avant le tourisme…

À voir – À faire

LAS DALIAS ★★

Carretera de Sant Carles, km 12
✆ +34 971 326 825
www.lasdalias.es
info@lasdalias.es

Le bar de Las Dalias était dans les années 1970 le point de rencontre des hippies après une journée passée sur le marché d'Es Canar. Les jam-sessions se transforment en véritables concerts et les premiers stands du marché sont installés en 1985. Aujourd'hui, Las Dalias accueille plus de 20 000 visiteurs par jour les samedis d'été, où sont réunis 200 stands de vêtements, tissus, bijoux, sandales, antiquités hindoues, etc. On est loin des années 1970, mais l'ambiance y est sympathique. Fidèle à ses origines, Las Dalias continue de programmer des concerts.

TORRE D'EN VALLS

Punta d'en Valls
En direction de Pou des Lleó. Au niveau du parking du restaurant Salvadó, il y a un petit chemin de terre qui conduit jusqu'à la tour.

Datant du XVIIIe siècle, cette tour à deux étages a été terminée en 1763 pour la défense des côtes. Elle était alors équipée de deux canons et deux gardiens y étaient en permanence installés. Partiellement détruite en 1864 à cause d'une explosion déclenchée par la foudre (qui aurait mis le feu à la poudre à canon, bien que la tradition veut que c'eût été un acte de crime passionnel contre un gardien), elle n'a été restaurée qu'en 1982. Depuis cet emplacement, le panorama sur l'îlot de Tagomago – paradis du faucon d'Eleonora – est superbe.

Sports – Détente – Loisirs

KAYAK-IBIZA

Es Figueral
✆ +34 629 523 471
www.kayak-ibiza.com
info@kayak-ibiza.com

La très sérieuse agence de location de kayak et de Stand Up Paddle, gérée par le jeune et passionné Paolo, est une référence en matière de sports aquatiques à Ibiza. Disposant d'une large flotte d'embarcations adaptée à tous les niveaux, il propose, en plus de la simple location, des excursions guidées quotidiennes d'une demi-journée vers les spots les plus emblématiques de l'île au départ de l'une des trois bases de l'agence, selon les conditions météo. Il y en a pour tous les goûts, toute l'année, avec du bon matériel et encadré par une équipe pro.

Autre adresse : 3 autres centres : plage de Figueretes (Ibiza), plage de Talamanca et Port de Sant Miquel.

Shopping

MARCHÉ HIPPIE DE LAS DALIAS

Ce marché hippie est très prisé ; des dizaines de points de vente proposent de l'artisanat, des instruments de musique... C'est, selon nous, le marché hippie le plus intéressant de l'île, plus typique et chaleureux que celui d'Es Canar. D'ailleurs, le propriétaire des lieux choisit lui-même les exposants en début de saison, de manière à favoriser la diversité des produits. Bien qu'un peu moins hippie que par le passé, Las Dalias reste le marché le plus emblématique de l'île.

LES PLAGES DES ALENTOURS DE SANT CARLES

Cala Llenya. Il s'agit d'une plage de sable fin assez touristique (une des plus fréquentées de la côte Est) et familiale. Des chiringuitos permettent de se restaurer sur place. Facilement accessible en suivant les panneaux depuis Sant Carles (comptez un peu plus de 3 kilomètres). Parking gratuit. Notez qu'un sentier permet de rejoindre la Cala Nova.

Cala boix. Une petite plage de sable noir (plutôt gris en réalité) bordée de falaises et d'eau turquoise, située à moins de 5 kilomètres de Sant Carles. C'est la seule de ce type sur l'île. Plusieurs restaurants de poissons et fruits de mer sur place et un bar installé sur la plage. Bien indiquée depuis Sant Carles, la plage est accessible par des escaliers en pierre.

La zone du Es Pou des Lleó multiplie les minuscules criques sauvages cernées de rochers. Elle offre de très beaux panoramas (c'est un site intéressant pour faire du snorkeling). On y rencontre Es Canal d'en Martí, un charmant petit port naturel entouré de cabanes de pêcheurs, niché dans un paysage vierge. Avant la plage, le Pou des Lleó est un restaurant typique très apprécié pour sa bonne paella ou son poisson frais, une très bonne option pour le déjeuner !

Cala Mastella. Nichée entre les falaises et les pinèdes, Cala Mastella est une petite crique pittoresque bordée de quelques cabanes de pêcheurs installées sur la gauche. Un site charmant. Si la plage est connue pour son restaurant El Bigotes où l'on se régalera d'un excellent poisson frais, c'est aussi un site intéressant pour buller avec son masque et son tuba. Depuis Sant Carles, suivre Cala Llenya avant que les panneaux n'indiquent la Cala Mastella.

Es Figueral et aigües blanques. A moins de 10 minutes en voiture au nord de Sant Carles. Ces deux plages de sable fin, dans le bas de la falaise, sont très fréquentées par tous les types de touristes et résidents des environs. Elles sont contiguës bien que les chemins d'accès soient différents. Des panneaux vous l'indiqueront sur votre gauche à la sortie de Sant Carles (juste après le bar Anita). Des chiringuitos vous offriront de l'ombre et vous proposeront des douches. Attention aux prix excessifs parfois appliqués au chiringuito d'Aigües Blanques. Cette plage, l'une des plus belles de l'île, accueille de nombreux surfeurs les jours venteux de l'hiver. On y accède par des escaliers (assez raides) ou par la route non asphaltée (plus long). Essayez de ne pas venir trop tard si vous voulez bronzer, car à partir de 17h, on y est presque complètement à l'ombre en raison des falaises qui cachent le soleil.

L'INTÉRIEUR DES TERRES

L'intérieur des terres d'Ibiza offre un contraste saisissant avec le tourisme et l'animation des villes et des stations balnéaires du bord de mer. Dans ces petits villages d'intérieur, on retrouve le calme et l'authenticité d'Ibiza, entouré de belles fincas et de paysages ruraux.

SANT RAFEL DE SA CREU

Une route sûre, récemment élargie, mène à San Rafael, petite localité regroupée autour de son église du XVIIIe siècle qui se distingue sur une colline. Dominant la vallée et offrant un point de vue magnifique sur la ville d'Ibiza, l'église est fort bien illuminée la nuit (pour l'atteindre, prenez la route qui mène au village ; parvenu à un grand croisement, empruntez la route la plus étroite qui grimpe légèrement).

LA CASITA VERDE ⭐

À 6,5 km de Sant Rafel
✆ +34 971 187 353
www.greenheartibiza.org

Ne pas manquer une visite à la Casita Verde, à quelques kilomètres de Sant Rafel. Littéralement, son nom signifie « petite maison verte ». En effet, il s'agit d'un centre écologique constitué de volontaires du projet Green Heart Ibiza (consulter leur site) qui ouvre ses portes tous les dimanches aux visiteurs. Ici, tout est écolo. Les maisons ont été construites avec des objets de récupération, tous les aliments viennent du potager, et vous pourrez partager un déjeuner bio et végétarien avec tous les visiteurs et les volontaires du centre.

CERAMICAS ICARDI

Can Ferreret, 42
✆ +34 971 198 106
www.ceramicasicardi.blogspot.com
ceramicas.icardi@gmail.com

Atelier-boutique de Carlos Icardi, une des principales figures de l'artisanat traditionnel d'Ibiza, dont il est à la fois l'un des grands promoteurs et l'un des derniers représentants. Venu d'Uruguay et installé sur l'île depuis les années 1970, le personnage est attachant et connaît bien Ibiza. Vous y découvrirez son travail : vases, lampes, cendriers et objets décoratifs. Tout est très beau et vaut vraiment qu'on s'y arrête. Pour peu que vous parliez un peu espagnol, Carlos vous livrera quelques anecdotes sur l'île et sur son travail.

IBIZA EN GLOBO – IBIZA EN MONTGOLFIÈRE

Ca Na Francesca, 1
✆ +34 630 410 167
www.ibizaenglobo.com
info@ibizaenglobo.com

Certes, l'attraction n'est pas donnée, mais l'expérience tellement sensationnelle ! Les vols se font ordinairement ou tôt le matin, ou tard dans l'après-midi, aussi bien pour

HIERBAS DE IBIZA : L'ESSENCE DE L'ÎLE

Avant-garde de la mode Adlib à Ibiza, la famille Torres – tout comme celle des artisans-joailliers Toni et Pele – a grandement contribué au prestige de l'île blanche. Depuis 1965, herbes et plantes sylvestres locales sont finement sélectionnées avant que n'en soient extraites, de manière artisanale, les essences. La ligne cosmétique Hierbas d'Ibiza est née et trouve bientôt un public fidèle et exigeant faisant honneur aux parfums, savons et eaux de Cologne de l'île. Aujourd'hui, les boutiques de la marque sont partout (Barcelone, Madrid, New York, Milan, Paris, Amsterdam, Tokyo, Londres, Johannesburg, Cannes, Berlin et Le Vatican), représentant fièrement Ibiza dans ce qu'elle a de plus authentique. Plus d'infos sur www.hierbasdeibiza.com

profiter de la plus belle lumière possible que pour tirer profit d'une température plus fraîche et d'un vent plus doux et plus stable. L'excursion inclut un vol de 45 à 55 minutes, une coupe de cava, un petit déjeuner et la remise symbolique d'un diplôme de vol. Une embardée poétique, la tête dans les nuages.

SUP IBIZA
✆ +34 690 324 439
www.supibiza.net
booking@supibiza.net
Autoroute Eivissa-Sant Antoni km 4,5 (Zone industrielle Montecristo).
A côté de la station-service.

Découvrir Ibiza d'une façon authentique et naturelle, c'est possible avec seulement une planche et une rame. Rendez-vous au centre Sup Ibiza, situé sur l'autoroute entre Eivissa et Sant Antoni. Après avoir vérifié la météo, l'équipe vous amènera vers la plage la plus adaptée pour l'excursion. Centre pionner de paddle surf à Ibiza, vous recevrez toute la formation nécessaire avant de partir à la découverte des recoins les plus beaux de l'île. Le centre dispose aussi d'une boutique, les plus férus pourront y acheter tout le matériel pour se lancer à l'aventure.

SANTA GERTRUDIS DE FRUITERA ★★

A quelques kilomètres de la sortie d'Ibiza, vous pouvez prendre sur la gauche la route vers l'intérieur des terres en suivant les indications Sant Miquel et Santa Gertrudis à partir de la route de Santa Eulària. Avant Santa Gertrudis, la route passe devant la Galeria es Molí, à gauche. Cette maison typique, reconnaissable au moulin qu'elle a conservé, abrite une grande collection de tableaux de peintres internationaux qui ont habité ou vivent encore à Ibiza. Pour les amateurs d'art et de décoration, la visite est conseillée.

Le village de Santa Gertrudis se trouve sur la gauche de la route, au milieu de la campagne et des collines. Son point culminant est Sa Torreta, à 348 m. Des ruisseaux et d'anciens puits lui apportent la fertilité. Cette petite agglomération, bâtie – elle aussi – autour de son église du XVIIIe siècle (entre 1786 et 1796), ne laissera pas indifférents les amateurs d'antiquités... Jadis, les habitants de la région, comme il était de coutume dans les villages de l'île, se réunissaient à la sortie de la messe dans des petits bars appartenant à des voisins du bourg. Dans ces établissements passablement rustiques, on buvait un verre tout en grignotant quelques *bocadillos de pa amb oli*. L'un des plus anciens de ces bars, Costa, existe toujours sous les arcades d'une vieille maison.
La tradition ayant été reprise par bon nombre de résidents qui ont choisi d'habiter le centre de l'île et vivent en habitat dispersé, le village de Santa Gertrudis a su agréablement évoluer, tout en demeurant vivant et sympathique : le charme persiste. La vie s'organise autour de l'église et de sa place. En été, vers 22h, les bars sont remplis d'une foule hétéroclite qui apprécie un repas pris sur le pouce dans une ambiance bruyante et populaire. Très authentique ! C'est un des villages les plus jolis d'Ibiza ; si vous voulez connaître la vraie Ibiza, c'est ici qu'il faut venir, vous ne serez pas déçus. Un très bel endroit !

CUADRAS ES PUIG

Carretera de San Miquel, Km. 5,5
Cami de Cas Ramons
✆ +34 679 209 925
Cuadra Es Puig est un centre hippique bien installé à Santa Gertrudis qui propose à la fois des leçons d'initiation et de perfectionnement à l'équitation et au dressage, mais aussi des promenades guidées à cheval. Par ailleurs, on trouve un poney-club qui conviendra parfaitement aux plus jeunes, de 3 à 12 ans. Le centre est ouvert toute l'année, réservant de belles balades au cœur des paysages de la belle île blanche. Possibilité de

Église de Santa Gertrudis.

s'essayer au saut d'obstacles (niveau intermédiaire/avancé requis). Une belle manière de découvrir Ibiza.

ES CUCONS LA TIENDA

Carrer Venda des Poble, 17
✆ +34 971 197 756
www.escucons.com
hotel@escucons.com
Au cœur de Santa Gertrudis, cette boutique est une jolie trouvaille. Un petit coin très chic dans une authentique maison *de pagès* pour dénicher des articles de décoration, textiles, vêtements tendance... Une partie est consacrée à la déco et accessoires, allant du style *vintage* à l'artisanat local. Une autre fait la part belle aux articles de mode homme/femme, 100 % *ibizenca* (soies et cotons tout en couleurs) et présente une sélection de paréos, sandales... Un avant-goût de son ravissant agrotourisme « Es Cucons », situé à Santa Agnès de Corona.

SANT MATEU D'ALBARCA

Un autre petit village plutôt isolé. On est vraiment loin de la foule d'Ibiza, au sens propre comme au figuré. Terre rouge, agriculture, caroubiers, oliviers centenaires, orangers et vignes. Un concentré d'antan qui mérite un petit détour, pour le charme de ces quelques maisons autour de leur église et les beaux paysages environnants.

SANT LLORENÇ DE BALÀFIA ★

Un petit village fortifié, curieux, emblématique, collé à une tour de défense qui se trouve au milieu des maisons. Petite église du XVIIIe siècle. Sur toutes les cartes postales.

CAN PERE MOSSON

Suivre le chemin qui part derrière l'église de Sant Llorenç.
Can Pere Mosson est une vieille maison de campagne dotée d'une tour de refuge (écroulée en 2016, en projet de reconstruction) qui conjugue la splendeur de la chaux contrastant avec le rouge de la pierre, dans sa partie supérieure. Pas de visite possible puisqu'il s'agit d'une propriété privée, mais vous pourrez admirer son étonnante architecture et profiter des installations en pleine nature : espace barbecue et tables de pique-nique à l'ombre des pins. Attention, l'espace pique-nique n'est pas accessible le mercredi ni le jeudi.

ENSEMBLE ARCHITECTURAL DE BALÀFIA

Suivre le chemin qui part de l'église de Sant Llorenç. Après environ 500 mètres, tournez à droite.
L'ensemble de Balàfia, probablement érigé sous la domination musulmane, est l'un des plus beaux exemples d'architecture paysanne. Il se compose de cinq maisons traditionnelles gardées par deux tours défensives circulaires qui servaient de refuges en cas d'attaques turques ou berbères. En se baladant dans les quelques ruelles du village médiéval, on remarquera les grandes croix blanches peintes à la chaux sur les murs en pierre, une bénédiction destinée à chasser les mauvais esprits.

MEKE COFFEE ROASTERS

Ctra. Evissa-Sant Joan Km.12,9
Sant Llorenç de Balàfia
✆ +34 971 325 058
www.meke.co
cafes@meke.co

En direction Sant Joan, bifurcation à droite (avant d'arriver au Sacca).
Arrivé il y a quelques années sur l'île, le torréfacteur Néo-Zélandais Sam Swinburn en a profité pour diffuser de bons arômes d'arabica sur tout le territoire de la *Isla Blanca*. Si l'on trouve ses cafés dans les bars, restaurants et épiceries de l'île, c'est dans son joli local rural de Sant Llorenç que l'on pourra se faire une idée plus large, et du processus de fabrication, et de la variété des grains moulus proposés par l'inspiré producteur, avec une formule dégustation. Vins et liqueurs fines sont également en vente dans la boutique-café.

ES AMUNTS ★

Carretera de Sant Llorenç, s/n
✆ +34 971 325 141
esamunts.caib.es

Es Amunts (qui signifie en catalan « les hauteurs ») est le nom donné à une zone naturelle protégée qui occupe presque tout le nord d'Ibiza, de Cala Salada à Sant Antoni jusqu'à Aigües Blanques près de Sant Carles. C'est dans cette partie de l'île que les paysages, les coutumes et les traditions ont été le mieux préservés. Son centre d'interprétation, inauguré en 2009, permet de comprendre la richesse écologique et ethnologique de cette région, et vous donnera probablement des envies d'excursions – et elles sont nombreuses – dans la zone !

SANTA AGNÈS DE CORONA ★

A l'intérieur des terres, le village de Santa Agnès (en castillan, Santa Inés) a été préservé des excès du tourisme. Vous pourrez y visiter l'église et la crypte avec son autel, ainsi que les ateliers des artisans.
La balade à pied, le long du chemin à gauche du bistrot, vous mènera vers les falaises et les îlots de Ses Margalides et Ses Balandres. Poursuivez la route en direction de Sant Mateu, autre petit village ibizien avec, au centre, son église.
L'accès aux falaises est réservé à ceux qui auront pu se procurer une carte précise, encore leur faudra-t-il savoir la lire ! C'est le coin idéal pour les balades à pied.

CAS SABATER

Plaça de Corona, 3
✆ +34 971 805 051

Installé au cœur des plaines rurales d'Ibiza, le Cas Sabater est l'atelier-boutique de Manfred Postel, artisan du cuir depuis plusieurs décennies. L'homme tient ce lieu ouvert au public depuis 1998, permettant aux curieux et autres amateurs de cuir d'apprécier ce travail manuel de précision, d'autant que Manfred utilise des techniques et des outils qui n'ont pas pris une ride depuis des siècles. Ainsi, on trouve toute une gamme de créations allant des ceintures aux sacs à main, en passant par les chaussures faites sur mesure. Qualité et respect des traditions !

ÉGLISE DE SANTA AGNÈS

Plaça de l'Església
✆ +34 971 198 289
Située sur la place du village, lui même au cœur d'une splendide vallée garnie d'amandiers, l'église de Santa Agnès est typique de l'architecture locale, à ceci près qu'elle a pour particularité d'être assez basse de plafond, par comparaison aux autres églises de l'île. Construite entre la fin du XVIIe siècle et le début du XIXe siècle (les travaux auraient commencé vers 1785 pour s'achever en 1812), elle est l'une des plus petites et des plus sobres églises de l'île. Sa voûte sphérique recouvre une seule nef dotée de six chapelles.

SANT AGUSTÍ DES VEDRÀ ★

Ce village, perché en haut d'une colline, se situe entre Sant Josep et Sant Antoni. Sa visite exige donc, à l'intérieur des terres, un petit détour qui vaut la peine, compte tenu de la vue qui s'offre sur le littoral, la baie de Sant Antoni et les îlots en face. Suivez l'indication Sant Agustí, à gauche, pour monter jusqu'à la place de l'église du XVIIIe siècle, encore bien conservée. Le soir, le village est l'un des plus tranquilles de l'île.

ÉGLISE DE SANT AGUSTÍ

Plaça de l'Església, s/n
✆ +34 971 342 118
Petite église typique de l'architecture traditionnelle d'Ibiza, l'église de Sant Agustí des Vedrà est située au centre du village. Son édification remonte à la fin du XVIIIe siècle. De construction très simple, elle ne dispose que d'une seule nef à voûte semi-circulaire et est dotée de six chapelles latérales. On remarquera la présence de contreforts sur l'un de ses côtés et l'absence du portique extérieur, en faisant une église assez unique dans le paysage sacré d'Ibiza. La fête paroissiale y est célébrée le 28 août, fête de la Saint-Augustin.

VISITE

Église du village de Sant Agustí.

LE NORD

Le nord de l'île d'Ibiza est resté en général très préservé. De nombreux petits chemins relient les deux routes principales, celle de Sant Miquel et celle de Sant Joan et Portinatx. Rien ne vous empêche de les explorer et de les combiner à votre guise. Dans cette zone, les routes sont étroites et tortueuses, elles peuvent donc se révéler dangereuses, mais offrent des panoramas à couper le souffle.

CALA DE SANT VICENT ★

On accède à Cala Sant Vicent par le haut d'une falaise. La couleur de la mer est superbe et le bleu turquoise impressionnant, mais attention : la route est très étroite, et les arrêts intempestifs pour admirer le paysage peuvent s'avérer dangereux. Cette cité balnéaire est installée à l'embouchure d'un vallon qui coupe les falaises et s'ouvre sur la belle plage de Cala Sant Vicent. Le front de mer est malheureusement enlaidi par un hôtel, ou plutôt une tour, plantée là au milieu. Une route mène à la Punta Grossa, colline arrondie sur la mer (presque une île), couverte de pins… et de villas. A 174 m d'altitude, c'est un véritable mirador sur la côte. Les plus courageux pourront effectuer une promenade à pied jusqu'à la grotte d'Es Cuieram, où a été découvert, en 1907, un temple carthaginois dédié à la déesse Tanit. La Talaia de Sant Vicent (à 30 m), le Puig Claper (à 200 m) mettent en relief la hauteur des collines avoisinantes. Vous pourrez vous arrêter au hameau de Sant Vicent pour la petite église et le cimetière, havres de paix et de tranquillité.

LES IMMANQUABLES DU NORD

- **Une pause smoothie** dans le village de sant Joan, visite de son petit marché à l'ambiance hippie.
- **Débusquer les criques secrètes** du nord de l'île et se baigner dans les calas turquoise.
- **Un coucher de soleil s**ur la plage de Benirrás un soir de pleine lune, rendez-vous des hippies et des percussionnistes. Un vrai rituel !
- **Se balader jusqu'au phare de sa Punta des Moscarter** – depuis la cala d'en Serra par exemple – et profiter des points de vue à couper le souffle le long des falaises abruptes.
- **Faire une halte à l'église de Sant Miquel,** une des plus belles églises de l'île blanche.

Plage de Cala de Sant Vicent.

Sanctuaire punique de la grotte d'Es Culleram, dédiée à la déesse Tanit.

COVA D'ES CULLERAM

Carretera Cala de Sant Vicent, s/n

La Cova d'Es Culleram est une grotte datée de 425 à 125 av. J.-C. Elle renferme le sanctuaire punique (rappelons ici qu'Ibiza a été occupée par les Carthaginois entre le Ve et le IIe siècle av. J.-C.) dédié à la déesse Tanit (divinité carthaginoise liée à la fertilité et à la fortune, gardienne d'Ibiza) et se trouve presque au sommet d'une montagne recouverte de sapins, très près de la crique de Sant Vicent, à 150 mètres au-dessus du niveau de la mer. Un buste de la déesse Tanit y a été découvert en 1907 (et se trouve désormais au musée d'Ibiza).

CRIQUES DE ALLÀ DINS

Les crique de Allà Dins sont de très belles plages accessibles depuis Cala de Sant Vicent, en longeant les hôtels du bord de plage jusqu'à l'urbanisation Allà Dins. A partir de là, un petit sentier qui traverse la forêt permet de rejoindre les plages (comptez 30 minutes de marche). Nichées au pied des falaises de Sa Punta Grossa, ces petites criques sont généralement peu fréquentées en raison de leur accès difficile et de l'absence de services sur place (prévoyez donc de l'eau et de quoi grignoter).

Bref, le paradis des baigneurs en quête de solitude !

PORTINATX ★

Loin de la folie des clubs d'Ibiza, Portinatx conserve toute sa beauté et son charme malgré les constructions récentes. Petite station balnéaire familiale à majorité anglophone, elle se compose de 3 petites plages. Une agréable promenade le long du Passeig Marítim vous fera rapidement découvrir la transparence de la mer. Ne pas oublier les nombreuses petites criques aux alentours, notamment Cala

Xuclar et Cala Xarraca, particulièrement tranquilles. Toutefois, attention aux méduses en été, très fréquentes dans le coin.

À voir - À faire

N'hésitez pas à prendre la route vers les criques de Cala Xarraca et Cala Xucla. Cette route goudronnée est l'une des plus jolies de l'île et traverse les collines de Els Amunts, zone protégée. L'arrivée sur le bord de mer permet de découvrir ce qui reste encore l'un des plus beaux sites d'Ibiza : la Cala Xarraca, sur la gauche, est la plus petite plage au milieu des rochers.

CALA D'EN SERRA

Cala d'en Serra, s/n

Petite calanque d'une quarantaine de mètres de longueur encadrée de falaises et garnie d'une fraîche pinède, sur la route de Portinatx, la Cala d'En Sera est plutôt calme et peu fréquentée par les touristes de passage sur l'île. Une déviation à droite montre le chemin assez chaotique vers la plage. Sur place, quelques chaises longues et parasols, ainsi qu'un assez joli *chiringuito* qui propose des burgers, club sandwichs, cocktails et *smoothies*. On pourra se rendre à la nage, en suivant la rive droite, jusqu'à une autre crique déserte.

LE PRÉCIEUX MIEL D'IBIZA

La toute première « Feria de la Miel » s'est tenue à Ibiza en décembre 2013, à l'initiative de l'Association des apiculteurs d'Ibiza. Malgré les nombreux fléaux auxquels ils ont dû résister ces 40 dernières années – depuis l'arrivée d'un parasite venu d'Asie en 1985 (le varroa destructor) toujours non éradiqué, à l'incendie ravageur de Morna de mai 2011, en passant par la redoutable sécheresse de l'été 2014 – les travailleurs du miel sont parvenus à maintenir leur activité à flot. Il faut dire que la flore sylvestre de l'île permet, et ce depuis bien longtemps, une production apicole variée et ce, tout au long de l'année : alors que pendant des siècles, l'Europe continentale utilisait la canne à sucre et la betterave comme édulcorant, Ibiza n'avait que le miel ! Ces mêmes apiculteurs associés réclament par ailleurs que certaines des anciennes ruches de l'île, principalement situées dans la région de Portinatx et dont la plus ancienne daterait du XVIIe siècle, soient protégées par l'appellation « bien d'intérêt culturel ». Ces ruches anciennes étaient fabriquées à partir d'un tronc d'amandier ou de caroubier (des bois robustes) qu'on installait à l'horizontale avant de les recouvrir de terre et de pierre pour protéger les abeilles des fortes chaleurs, en prenant soin de laisser une petite ouverture dirigée vers le sud. Aujourd'hui, les techniques se sont quelque peu développées, mais la production de miel demeure bien faible par rapport à la demande (1 500 ruches sur tout le territoire). On pourra néanmoins s'en procurer sur les étals de certains herboristes et marchands de produits écologiques.

RANDONNÉE JUSQU'AU PHARE

Depuis le parking situé au nord de la Cala d'En Serra, nous vous recommandons d'entamer la randonnée balisée en bleu jusqu'au phare de Moscarter. Elle offre des points de vues à couper le souffle sur les paysages côtiers avec un passage, au nord, par la charmante crique Caló des Pou. L'itinéraire fait une boucle qui part de la Cala d'En Serra, monte jusqu'au phare en longeant en partie la côte, puis redescend à l'ouest jusqu'au Camí Cala D'En Serra, d'où l'on pourra rejoindre le parking de la plage.

- **Durée :** environ 2 heures.
- **Distance :** 4,5 km.
- **Difficulté :** facile.

CALA XARRACA ET CALA XUCLAR ★★

Deux petites criques aux eaux cristallines, la première protégée par une falaise et la deuxième par une pinède dense. Un peu de monde en juillet et août, quasiment désertes le reste du temps. Pour vous rafraîchir ou bien vous restaurer, le restaurant Cala Xarraca propose des spécialités ibiziennes dans un cadre magnifique. La Cala Xuclar abrite, quant à elle, un petit *chiringuito* qui propose des plats simples et du très bon poisson frit ! Parfait pour vous ressourcer, hors saison.

TOUR DE PORTINATX

Sur la route de Portinatx, suivre la direction Punta de Sa Torre.

Datant de 1763, la tour de Portinatx faisait partie du système de défense du littoral contre les attaques des pirates. Elle est située à près de 45 mètres au-dessus du niveau de la mer, au niveau de la Punta de Portinatx. Assez similaire à celle de la tour voisine de Balansat, son architecture fut imaginée par l'ingénieur Juan Ballester y Zafra : la tour se compose de deux étages surmontés d'une plateforme supérieure. La partie la plus proche du sol accueillait en son temps le magasin de poudres à canon. La tour a par la suite été transformée en maison.

Sports - Détente - Loisirs

SUBFARI

Port de Portinatx, s/n
✆ +34 971 337 558
www.subfari.es/fr
info@subfari.es

Subfari est une agence et école de plongée sous-marine certifiée par le label et système de plongée internationale PADI. En partenariat avec d'autres clubs, Subfari propose un forfait pour plonger dans les plus beaux coins de l'île d'Ibiza (dans la zone nord, mais aussi du côté de Cala d'Hort et Es Vedrà). Les novices pourront s'initier aux joies de bulles par un baptême accompagné tandis que les pratiquants aguerris auront le loisir de se perfectionner selon les nombreuses spécialités proposé par Subfari (deep dive, nitrox, dry suit...).

SANT JOAN DE LABRITJA ★★

Sant Joan de Labritja est un charmant petit village préservé du tourisme de masse. Il incarne l'authentique ambiance hippie qui perdure dans la partie nord d'Ibiza. Son élégante église du XVIIIe siècle mérite un coup d'œil. A partir de Sant Vicent, la route, bien signalée, qui mène à Sant Joan, est l'une des plus belles de l'île. Peu fréquentée, elle donne en outre une image fidèle de l'Ibiza traditionnelle : habitat éparpillé, vertes collines, forêt méditerranéenne. Il faut compter une dizaine de kilomètres jusqu'au village très tranquille de Sant Joan où l'on prendra plaisir à boire un jus de fruit frais à la terrasse d'un café ou flâner autour des étals de son marché, tout petit, mais authentique.

IBIZA HORSE VALLEY

Parc d'Es Murta ✆ +34 680 624 911
www.ibizahorsevalley.com
davidcapdevielle@hotmail.com
David, passionné de chevaux, a créé en 2010 cette association dont l'objectif est de recueillir des chevaux abandonnés ou destinés à l'abattoir. Les animaux vivent ici en liberté, au cœur d'un domaine de 70 hectares baptisé la « Vallée des chevaux ». Des excursions équestres sont organisées pour tous les niveaux à la découverte des lieux préservés de l'île. Un beau projet et une expérience hors des sentiers battus ! Contacter David lorsque vous serez de passage dans le coin pour vous mettre d'accord sur une heure de rendez-vous et une excursion.

MERCAT DE SANT JOAN DE LABRITJA

Tout simplement le marché artisanal le plus authentique de l'île. Vente de produits réalisés par les locaux allant de la nourriture aux œuvres artistiques en passant par les plantes médicinales. Concerts à partir de midi. Ambiance hippie et très détendue. Artisans et agriculteurs, bijoutiers et torréfacteurs, musiciens et artistes... tous se retrouvent ici, chaque dimanche matin. Ce marché est un vrai spectacle en lui-même. À découvrir absolument !

VISITE

Église de Sant Joan de Labritja.

PLAGE DE BENIRRÀS ★

Une petite crique limpide, au paysage sauvage, vierge de toute urbanisation. Chaque dimanche, des centaines de personnes se retrouvent sur la plage pour jouer de tous les instruments de percussions possibles jusqu'au petit matin : la fête des Tambours a fait de la *cala* une des calanques les plus mythiques de l'île. En plein été, presque tous les jours en fin de soirée, vous aurez droit à un concert improvisé de percussions. De la plage, on voit l'îlot Cap Bernat.

PORTINATX CHARTER
✆ +34 608 769 575
www.portinatxcharter.com

L'agence Portinax Charter propose diverses excursions en bateau pour découvrir l'île depuis la mer et en dénicher quelques secrets. Trois excursions remarquables ici : la Ruta Norte permet de sillonner la zone nord d'Ibiza, certainement la plus sauvage et la mieux préservée ; la Ruta Ibiza & Formentera mène jusqu'à la petite voisine d'Ibiza, avec escales sur les plages les plus iconiques de Formentera ; la Puesta del Sol permet de profiter du coucher de soleil sur Benirràs... Autant de sorties hautement recommandées, entre amis ou en famille !

SANT MIQUEL DE BALANSAT ★

Église Sant Miquel.

Le village de Sant Miquel, dominé par son église en haut d'une colline, se compose de quelques maisons et commerces. Son église du XIVe siècle est l'une des plus belles d'Ibiza. Vous apprécierez davantage son style « forteresse ibizienne » et sa façade principale si vous en faites le tour à pied. La vue donnant sur le port, au fond de l'étroite vallée, est très belle. Sant Miquel ne change guère, mais le village s'est agrandi et est aujourd'hui assez urbanisé, ce qui lui retire beaucoup de son charme passé. Des bars et des restaurants avec petites terrasses ont vu le jour. A la sortie du village, les petits chemins, dans la grande descente qui va vers le port situé à 4 km, se multiplient, offrant aux esprits curieux des possibilités de découvertes formidables à travers les collines, dominées

BALL PAGÈS

Sant Miquel préserve un prégnant folklore ibicenco, et plus particulièrement en matière de danses populaires. En effet, chaque jeudi à 18h15 et à 19h, de juin à septembre, se tient un ball pagès (bal paysan) à l'occasion duquel hommes et femmes revêtent leurs costumes traditionnels et s'adonnent à divers pas de danse folklorique, au son hypnotisant d'un sonador, orchestre de flûtes et de tambours. Si le bal de Sant Miquel peut s'enorgueillir d'être le plus ancien de l'île, actif depuis 1965, la plupart des villages d'Ibiza organisent des bals. Fortement liés à la notion de fertilité, ils se déroulent ordinairement à l'époque des récoltes, fin juillet et août, mais sont également à mettre en relation avec l'ornithologie : en y regardant de plus près, on s'aperçoit que les femmes exécutent de rapides mouvements appelés pasos de perdiz (pas de perdrix), tandis que les hommes arborent une barretina (bonnet typiquement catalan) qui n'est pas sans rappeler la crête d'un coq. Un spectacle précieux.

par de vieilles maisons disséminées. Les points de vue sur la mer sont splendides, car la nature est restée très sauvage.

À voir - À faire

CALÓ DES MULTONS

Depuis le port de Sant Miquel,
sur le chemin qui part du restaurant Port Balansat.

Situé à environ 12 km de Sant Joan et 4 km de Sant Miquel, juste à côté du port de cette dernière localité, le Caló des Multons est une charmante petite crique de 20 mètres de large tout au plus. Le sable blanc cerclé d'une odorante pinède n'est fréquenté que par les connaisseurs... Pas de tourisme de masse ici ! On y trouve un chiringuito, qui fait office de beach club, proposant un service de location de chaises longues et lits balinais. Depuis le port de Sant Miquel, empruntez 250 mètres d'un sentier pédestre qui démarre sous le restaurant du port Balansat.

COVA DE CAN MARÇÀ

Port de Sant Miquel
✆ +34 971 334 776
www.covadecanmarsa.com
info@covadecanmarsa.com

La grotte de Can Marçà, au nord d'Ibiza, témoigne d'une histoire qui remonte à plus de 100 000 ans. Il semblerait que les pirates furent les premiers à la découvrir, au XIXe siècle, et l'utilisèrent pour y cacher leurs marchandises. Des traces de peinture rouges et noires, dessinées par les contrebandiers pour s'orienter dans les galeries, témoignent de ce passé mystérieux. La visite est assez courte, mais permet de voir l'île d'Ibiza depuis un angle différent : depuis l'intérieur ! Des spectacles son et lumière y sont organisés occasionnellement.

ES PAS DE S'ILLA ⭐

Depuis le port de Sant Miquel, suivre la direction de l'hôtel Na Xamena.
Un petit chemin de terre sur la droite permet ensuite de rejoindre la plage.
Es Pas de s'Illa est une très jolie petite crique presque secrète au nord de l'île bordée de quelques cabanes de pêcheurs. Il s'agit d'une langue de sable d'environ 50 mètres de longueur qui relie l'îlot de s'Illa des Bosc et l'île d'Ibiza. Vous y trouverez un service de location de transats ainsi qu'un *chiringuito*. Depuis la plage, un petit chemin mène à l'îlot de s'Illa des Bosc. Malheureusement, l'accès est interdit car il s'agit d'une propriété privée, une villa de luxe dont on devine la silhouette derrière une épaisse végétation. Un petit coin bien au calme.

ES PORTIXOL

Es Portixol, que l'on pourrait traduire par « le petit port », est une crique très isolée encadrée d'une dense forêt de pins et garnie de hangars à bateaux, que l'on trouve à 6 kilomètres à l'est de Sant Miquel. Vous devrez laisser votre véhicule et marcher une petite demi-heure le long d'un sentier qui longe la mer pour rejoindre Es Portixol. Aucun service n'est assuré sur place, n'oubliez pas crème solaire et bouteilles d'eau ! Tranquillité absolue et eaux cristallines sont au rendez-vous ! C'est un lieu qui, comme son nom le suggère, attire les pêcheurs.

TOUR DE BALANSAT O DES MOLAR

Comme pour rejoindre Es Pas de s'Illa, il faut suivre la direction de l'hôtel Na Xamena puis emprunter un petit chemin de terre sur la droite. La tour défensive, qui date du XVIIIe siècle, a été construite à près de 100 mètres au-dessus du niveau de la mer. Elle fut édifiée pour contrôler et prévenir des invasions pirates au nord de l'île. Le panorama sur S'Illa des Bosc, S'Illa Murada – et un peu plus loin sur le port de Sant Miquel – est exceptionnel depuis cet endroit.

Église de Sant Miquel de Balansat.

PENSE FUTÉ

Visite de la vieille ville d'Ibiza.

PENSE FUTÉ

Argent

- **Monnaie :** l'euro (€).
- **Coût de la vie :** d'un point de vue global, en Espagne, la vie est moins chère qu'en France. Même si à Ibiza, certains lieux touristiques pratiquent le prix fort. Mais d'une manière générale, les restaurants, l'hébergement, les spectacles, certains biens de consommation (chaussures, vêtements…) et tous les achats en supermarché sont un peu meilleur marché.
- **Moyens de paiement :** l'Espagne étant un pays de la zone Euro, vous pouvez y effectuer vos retraits et paiements par carte bancaire (Visa, MasterCard, etc.) comme vous le feriez en France. Inutile d'emporter des sommes importantes en liquide. Tous vos paiements par carte sont gratuits et vos retraits sont soumis aux mêmes conditions tarifaires que ceux effectués en France (ils sont donc gratuits pour la plupart des cartes bancaires).
- **Marchandage :** à Ibiza, négocier fait partie des mœurs. La technique est rodée même si avec la crise économique, c'est devenu plus difficile. Allez-y avec un ami feignant de vous dissuader d'acheter, cela en maîtrisant quelques mots d'espagnol et la facture pourra être réduite de 30 à 40 %.
- **Pourboires :** théoriquement, le service est inclus dans l'addition. La coutume veut toutefois que vous laissiez un petit pourboire (*propina* en espagnol), comme en France, lorsque vous avez apprécié le service. 5 à 10 % dans les restaurants, en général.

Bagages

En hiver, le temps est doux et clément, mais prévoyez toutefois un manteau chaud et des gants pour parer aux chutes du mercure à la nuit tombée. De mai à octobre, n'oubliez pas votre maillot de bain, et surtout un chapeau pour vous protéger du soleil. En mai, pensez également à prendre un parapluie, les averses sont fréquentes.

Électricité

Comme en France, les prises délivrent du 220 volts. Vos appareils fonctionneront normalement et sans adaptateur. Les Espagnols utilisent le système international d'unité et parlent donc en mètres, kilomètres, tonnes…

Formalités

Pour ceux qui ne le sauraient pas, votre pièce d'identité en cours de validité suffit. N'oubliez pas votre permis de conduire pour les locations de voitures et de motos. Les animaux auront besoin d'un certificat de vaccination contre la rage, d'un microchip et de leur papier d'identité pour entrer sur le territoire. Ils sont admis dans certains hôtels, mais dans peu de restaurants.

Langues parlées

Pour un voyage à Ibiza, l'usage du castillan, même très approximatif voire baragouinant, est donc conseillé si vous souhaitez vous aventurer à l'intérieur des terres.

Si vous connaissez deux mots d'espagnol, n'hésitez pas à les utiliser ! Ici, la population est habituée aux touristes et appréciera celui qui fera l'effort de parler espagnol, ne serait-ce qu'un peu…

Demandez aux gens s'ils parlent français ou anglais… avant de vous lancer dans un monologue sans fin. Les Espagnols n'étant pas plus doués que les Français pour les langues étrangères, ils apprécient donc qu'on leur pose la question avant de parler anglais ou français comme si c'était une évidence.

Ne vous vexez pas si on vous répond en anglais. C'est un autre cas de figure très probable : vous essayez d'utiliser vos connaissances élémentaires d'espagnol, et on vous répond en anglais ! Ne prenez pas la mouche, ce n'est pas une insulte à vos capacités linguistiques. Certains Espagnols profitent simplement de l'occasion de parler à un touriste pour pratiquer leur anglais.

Les Espagnols en principe ont horreur du vouvoiement et bannissent de leur vocabulaire le mot *usted*, « vous » de politesse. Certes, il ne viendra pas à l'esprit d'un Espagnol de vouvoyer quelqu'un de son âge, cependant, il convient de vouvoyer des gens plus âgés et les employés.

Une particularité des îles et de toutes les villes, c'est le respect d'autrui, où chacun déambule sans être jugé sur son apparence, sa religion ou ses coutumes.

Tâchez de ne pas entrer dans des discussions à propos de l'usage du castillan ou du catalan, c'est souvent un débat sans fin.

Ne vous avisez pas de faire vos petits commentaires à voix haute, car partout on remarque vite que vous êtes Français. Aux Baléares, la population a l'habitude des touristes et, en un coup d'œil, reconnaît l'origine des vacanciers. En outre, de nombreux établissements ont des propriétaires français installés depuis longtemps qui sont susceptibles de vous comprendre.

Respectez l'environnement ! En juillet et août, les plages sont noires de monde et deviennent, entre autres, des cendriers ambulants. A défaut de ramasser les mégots des autres, évitez de laisser les vôtres !

Virée à scooter sur le port d'Ibiza.

Quand partir ?

Le climat à Ibiza, de type méditerranéen, paraît délicieusement doux en hiver puisque la moyenne des températures ne descend pas en dessous des 12 °C. Le printemps, comme les mois de septembre et d'octobre, est très variable, mais c'est à cette période que l'on goûte les plus belles semaines de l'année, avec un ensoleillement parfait et une température idéale. La grande saison touristique commence en juin. Evidemment, pendant l'été, il fait plus chaud et beau (parfois même trop chaud dans les Pityuses), et juillet sonne le début de l'invasion touristique.

Santé

A Ibiza, et donc en Espagne, vous êtes dans l'Union européenne, les risques sanitaires ne sont donc pas plus importants que chez nous. Néanmoins, il est toujours préférable d'avoir de quoi se protéger des piqûres de moustiques et autres insectes, ne serait-ce que pour éviter perturbations du sommeil et autres démangeaisons.

Sécurité

- **Voyageur handicapé :** la plupart des grands hôtels possèdent des installations accessibles aux personnes handicapées. Pour ceux qui préféreraient séjourner dans un hôtel rural ou un agrotourisme, il est préférable de se renseigner avant le départ, car toutes les chambres n'ont pas la même accessibilité. De petits pontons en bois sont installés sur certaines plages en haute saison et les secouristes de la Croix-Rouge se font un plaisir d'apporter de l'aide si besoin est.
- **Voyageur gay ou lesbien :** Ibiza est le paradis de la communauté gay, très présente dans les bars et boîtes de la ville.
- **Voyager avec des enfants** : vos charmants bambins seront de vrais poissons dans l'eau à Ibiza , la plage reste le meilleur moyen de les distraire. Egalement, la plupart des hôtels possèdent des équipes d'animation qui s'occupent des enfants (jeux, sports, spectacles, dessins... en fonction de leur âge) et tous vous aideront dans la recherche d'une nounou si vous souhaitez prendre un peu de temps pour vous.
- **Femme seule :** bien que les habitants des Baléares aient hérité du sang chaud espagnol, les quelques sifflements et autres compliments restent « acceptables » de manière générale. Par contre, le regroupement des touristes éméchés à la sortie des bars et discothèques peut s'avérer moins plaisant. Il est donc préférable de faire attention la nuit.

Téléphone

- **Indicatif téléphonique :** 34.
- **Téléphoner de France dans le pays** : composez le 00 + 34 + l'indicatif de la province (Baléares 971), soit 00 + 34 + 971 + le numéro de l'abonné aux Baléares (6 chiffres).
- **Téléphoner en local :** 00 + 34 + numéro de votre correspondant.
- **Téléphoner du pays en France** : 00 + 33 + numéro de votre correspondant sans le 0.

INDEX

A

B

C

D

E

O

P

Q – R

S

T

U – V

PENSE FUTÉ

EDITION

Directeurs de collection et auteurs : Dominique AUZIAS et Jean-Paul LABOURDETTE

Auteurs : Baptiste THARREAU, Antoine RICHARD, Margarida LLABRES-ROTGER, Jessica ARONOV, Sarah PAROT,, Jean-Paul LABOURDETTE, Dominique AUZIAS et alter

Directeur Editorial : Stéphan SZEREMETA

Rédaction Monde : Laure CHATAIGNON, Morgane VESLIN, Pierre-Yves SOUCHET, Clémence HUBERT

Rédaction France : Briséis TEMPLE-BOYER, Désirée DEBANT, Emilie SAINT-PASTOU, Nicolas WODARCZAK

FABRICATION

Maquette et Montage : Romain AUDREN, Julie BORDES, Delphine PAGANO

Iconographie et Cartographie : Anne DIOT, Julien DOUCET

WEB ET NUMERIQUE

Directeur Web : Louis GENEAU de LAMARLIERE

Technical Project Manager : Hervé MARION

Développeurs : Guillaume BARBET, Adeline CAUX, Bastien MOINET

Intégrateur Web : Mickael LATTES, Antoine DION

Webdesigner : Caroline LAFFAITEUR

Responsable Communication Digital WEB : Alice BARBIER

Community Traffic Manager : Shirley NDEMA-KINGUE, Camille LE PROVOST

Content Manager : Aliénor de PERIER

DIRECTION COMMERCIALE

Directeur commercial : Guillaume VORBURGER

Coordinatrice des Régies commerciales : Manon GUERIN

Responsable Régies locales : Michel GRANSEIGNE

Responsables Développement régie inter : Jean-Marc FARAGUET, Guillaume LABOUREUR et Camille ESMIEU

Assistante commerciale Régie internationale : Leila ANTRI-BOUZAR

Responsable commercial Régies et Formateur : Kévin FLAVIGNY

Chefs de Publicité Régie nationale : Caroline AUBRY, François BRIANCON-MARJOLLET, Perrine DE CARNE MARCEIN, Jonathan TOUTOUX, Fouzia CHAOUI

DIFFUSION ET PROMOTION

Directrice des Ventes : Bénédicte MOULET assistée d'Aissatou DIOP

Responsable des ventes : Jean-Pierre GHEZ assisté de Nelly BRION

ADMINISTRATION

Président : Jean-Paul LABOURDETTE

Directeur général : Louis AUZIAS

Directrice des Ressources Humaines : Dina BOURDEAU assistée de Sandra DOS REIS et Eva BAELEN

Directrice Administrative et Financière : Valérie DECOTTIGNIES

Comptabilité : Guillaume PETIT, Aminata BAGAYOKO et Touria ZENASNI.

Recouvrement : Fabien BONNAN assisté de Sandra BRIJLALL

Responsable informatique : Elie NZUZI-LEBA

Relations Presse-Partenariats : Christophe SALES

CARNET DE VOYAGE IBIZA

LES NOUVELLES EDITIONS DE L'UNIVERSITE
18, rue des Volontaires - 75015 Paris.
✆ 01 53 69 70 00 - Fax 01 42 73 15 24
Internet : www.petitfute.com
SAS au capital de 1 293 680 € - RC PARIS B 309 769 966
Couverture : Vieille ville d'Ibiza © U-JINN Photography - stock.adobe.com
Achevé d'imprimer en Espagne par Centro Gráfico Ganboa en février 2024
Dépôt légal : 17/03/2024
ISBN : 9782305103730

Pour nous contacter par email, indiquez le nom de famille en minuscule suivi de @petitfute.com
Pour le courrier des lecteurs : info@petitfute.com

PEFC/14-38-00095